एक्टर बनना है?...
तो ये बातें जानना बहुत ज़रूरी है!

एक्टर बनना है?...
तो ये बातें जानना बहुत ज़रूरी है!

नरेश पाँचाल

Notion Press

Old No. 38, New No. 6
McNichols Road, Chetpet
Chennai - 600 031

First Published by Notion Press 2017
Copyright © Naresh Panchal 2017
All Rights Reserved.

ISBN 978-1-947697-48-5

अनुक्रमणिका

प्रस्तावना

एक्टर हर कोई बनना चाहता है, लेकिन जागरूकता के अभाव में ज़्यादातर लोगों को दर-दर की ठोकरें खाने पर मजबूर होना पड़ता है। एक्टर बनने के लिए युवक-युवतियाँ मुम्बई तो आ जाते हैं, लेकिन मुम्बई और फ़िल्म इंडस्ट्री को समझने में ही उसका इतना वक़्त गुज़र जाता है कि एक्टर बनने का सपना टूट जाता है। इस राह में सावधानी बरतने वाली बातें कोई नहीं बताता। धोखेबाज़ लोग ज़रूर मिल जाते हैं, जो काम दिलाने का झाँसा देकर रकम हड़प लेते हैं। ख़याली पुलावों और झूठी उम्मीदों में पैसा भी चला जाता है और उम्र भी। जो लोग फ़िल्मों में हीरो बनने का सपना लेकर घर से निकले थे, लुटने के बाद, ख़ुद को घर-परिवार या पड़ोसियों को मुँह दिखाने लायक भी नहीं समझते। नए एक्टर्स की इसी दुर्गति को देखकर, उन्हें लूट-खसोट और उलझनों से बचाने के लिए मैंने अपने फ़ेसबुक पेज पर पोस्ट लिखना शुरू किया। लोगों ने ख़ूब सराहा और प्रोत्साहन दिया। मैं लिखता चला गया। नए एक्टर्स की ज़रूरतों और हर प्रकार की परेशानियों पर लिखा। बाद में जब लोग मुझे मैसेज करके, कई पोस्ट फिर से शेयर करने या उनके इन-बॉक्स में डालने की मांग करने लगे। मैंने ऐसा किया भी, लेकिन ये सिलसिला मेरी व्यस्तता की वजह से चल नहीं पाया, वहीं लोगों को भी पुरानी पोस्ट तलाशना झंझट जैसा लगने लगा। तब मुझे ख़याल आया कि ऐसे लोगों के लिए कई लोकप्रिय पोस्ट का समावेश करके एक पुस्तक बना दी जाए। इसी ख़याल का पुस्तक रूप आपके पास है। इसमें शामिल कई लेख आपको न केवल कई ज़रूरी जानकारियाँ देंगे, बल्कि आपको प्रेरणा भी देंगे।

आशा है आपको यह प्रयास पसंद आएगा। जैसा भी आपको लगे, ज़रूर अवगत कराना।

आपका शुभेच्छु

नरेश पाँचाल, एक्टिंग कोच, अंधेरी वोस्ट, मुम्बई

(संस्थापक डायरेक्टर, मुम्बई एक्टिंग इंस्टीट्यूट, मुम्बई)

www.mumbaiactinginstitute.com

www.facebook.com/actingcoachnareshpanchal

1.

एक्टर बनना है?...आपको सिलेक्ट कर लिया है...लाइए, पैसे जमा कराइए!!!

ये लो जी।

लोगों के सपने घर बैठे सच होने लग गए।

फ़ोन की घंटी रिंगरिंगाती है कि "बधाई हो...

हम फ़लाँ-फ़लाँ प्रोडक्शन हाउस से बोल रहे हैं...अगली फ़िल्म (या सीरियल) के लिए आपका सलेक्शन हो गया है...आप फ़लाँ-फ़लाँ तारीख़ को शूटिंग के लिए फ़लाँ जगह आ जाइए...आने से पहले सेक्युरिटी अमाउंट के तौर पर इतने-इतने रुपए जमा कराइए।"

ये कॉल आते ही घर में ख़ुशी की लहर दौड़ जाती है। "नन्द के आनन्द भयो......एक्टर पैदा हुआ है जी।" भावी एक्टर फूला नहीं समाता...कमाल हो गया जी...देखो...घर बैठे मैसेज आया है। परिवारजन अपने लाडले-लाडली को बधाई देने लगते हैं। आस-पड़ोस से भी बधाई आने लगती है-"बधाई हो...हमें तो पहले से ही पता था जी...ये तो होना ही था..." वग़ैरह...वग़ैरह...

उन्हें ये अहसास नहीं होता कि ये ख़ुशी अजीबोग़रीब सी है

जो पैसे जमा कराते ही अफ़सोस में तब्दील हो जाएगी। दरअसल ये नए तरह का जाल है झाँसेबाज़ों का।

एक्टिंग की चाहत रखने वालों के सम्पर्क नम्बर, ई-मेल एड्रेस उन्हें फ़ेसबुक या अन्य माध्यमों से मिल जाते हैं और फिर वे उन्हें मुर्ग़ा बनाने में जुट जाते हैं।

उनसे भी आर्टिस्ट कार्ड बनाने, पोर्टफ़ोलियो बनाने या फिर सिक्युरिटी अमाउंट के लिए पैसे मांगते हैं और किसी बैंक अकाउंट में वो पैसा जमा कराने को कहते हैं।

यहाँ तक कि अब तो ये भी कहते हैं कि आपके ठहरने की व्यवस्था और आने-जाने के टिकट के पैसे भी आप जमा करा दीजिए।

जबकि ये सारे ख़र्च प्रोडक्शन हाउस उठाते हैं।

इन दिनों कुछ लोगों ने मुझे मैसेज करके इस बारे में बताया है, कि इस तरह के मैसेज आ रहे हैं।

अचरज की बात है कि ये मैसेज वाले, किसी बड़े प्रोडक्शन हाउस जैसा ही नाम रख लेते हैं।

इस तरह कोई भी गच्चा खा सकता है। कुछ लोग किसी बड़े प्रोडक्शन हाउस का नाम बताकर भी कास्टिंग करने की बात करते हैं और पैसे मांगते हैं।

आप ये बात गांठ बांध लीजिए कि जो प्रोडक्शन हाउस सचमुच में सीरियल या फ़िल्म बना रहे हैं, वे कभी भी एक्टर से पैसे नहीं मांगते। बल्कि एक्टर को पैसे देते हैं। सोचिए, जिसके ख़ुद के पास पैसे नहीं हैं, वो क्या फ़िल्म बनाएगा?

जबकि आजकल सीरियल का बजट भी फ़िल्मों से ज़्यादा होने लगा है।

और इधर ये प्रोड्यूसर एक्टर से पैसे मांग रहा है तो क्या लाइटमैन, कैमरामैन, मैकअप मैन, कॉस्ट्यूम डिज़ाइनर, सेट डिज़ाइनर आदि से भी पैसे लेगा?

ये भी देखने में आता है कि एक्टर्स से पैसे हड़पने के लिए कुछ लोग कोई भी प्रोडक्शन हाउस का नाम रखकर छोटा-मोटा ऑफ़िस भी शुरू करने लगे है।

वहाँ फ़िल्म की शूटिंग शुरू होने से पहले ही उसके पोस्टर टंगे मिल जाएंगे।

वहाँ बुलाकर भी पैसे मांगे जाते हैं एक्टर्स से।

जबकि सच यही है कि सिर्फ़ फ़ोटो के आधार पर किसी का चयन होता नहीं है। और अगर मान भी लिया जाए कि किसी का चेहरा-मोहरा (look) प्रोडक्शन हाउस को भा गया।

किसी कैरेक्टर पर वो चेहरा बिल्कुल फ़िट बैठ रहा है, तो प्रोडक्शन हाउस पैसे क्यों मांगेगा?

उल्टा वो उस एक्टर से मिन्नत करेगा कि वो उनका प्रोजेक्ट कर ले। मनचाहे पैसे भी देने को तैयार हो जाएगा।

ज़रा आप ख़ुद सोचिए...अच्छे-अच्छे एक्टर दिनभर प्रोडक्शन हाउसेज़ में चक्कर लगाते रहते हैं, उन्हें छोड़कर, क्यों कोई किसी को घर बैठे

इस तरह फ़ोन या मैसेज करेगा?

लेकिन आजकल ऐसे मैसेज मिल रहे हैं। आपने मैसेज मिलते ही अगर पैसे जमा करा दिए तो आपको फिर वो फ़ोन नम्बर बंद ही मिलेगा। फ़ोन नम्बर कोई बहुत बड़ी चीज़ नहीं है। सौ-पचास रुपए में मिल जाता है। ऐसे कई धोखाधड़ी के मामलों में ठगने के बाद धोखेबाज़ अपना नम्बर हमेशा के लिए बंद कर देते हैं। आपको ढूंढे नहीं मिलेंगे।

इसलिए आप सिर्फ़ यही मंत्र याद रखिए कि-"पैसा लेना है, देना नहीं"

इससे आप हमेशा धोखा खाने से बचे रहेंगे। जहाँ भी आप लालच में आए और पैसे दे दिए, वहीं आप गए काम से। किसी भी कास्टिंग वाले का फ़ोन आए, उसकी पूरी बातें सुनिए। अपनी पूरी बात रखिए। बुलाए तो मिलना-जुलना भी कर लीजिए। सच्चा हो तो काम भी कीजिए।लेकिन जैसे ही पैसे मांगने लगे, आप उसे थैंक्यू बोल दीजिए।

बस ऑडिशन देते रहिए। सच्चे लोग भी हैं दुनिया में।

आपको भी मिलेंगे। Think Positive.

नरेश पाँचाल, एक्टिंग कोच,
लोखंडवाला, अंधेरी वेस्ट, मुम्बई।

2.

आर्टिस्ट कार्ड चाहिए?...कोई मुर्ग़ा न बना जाए!

मुम्बई में एक्टर बनने आने वाले युवाओं (youth) को एक्टर के बजाय मुर्ग़ा भी समझा जाता है। ऐसे कई झाँसेबाज़ और बहेलिए यहाँ हैं

जो अपना जाल बिछाए बैठे रहते हैं। और जैसे ही कोई नया-नवेला एक्टर दिखाई पड़ता है, लपक लेते हैं।

ये झाँसेबाज़ आपको फ़िल्म इंडस्ट्री की कई कथित अत्यन्त ज़रूरी चीज़ों का हवाला देकर आपको उलझाएंगे और फिर आपकी जेब ख़ाली कराकर उड़न-छू हो जाएंगे।

इनकी झाँसेबाज़ी की कई तिकड़में हैं, जिनकी जानकारी मैं आपको दूंगा।

लेकिन आज बात सिर्फ़ आर्टिस्ट कार्ड (Artiste Card) की। झाँसेबाज़ आपसे कहेंगे कि इसके बिना तो आपको कोई भी काम नहीं देगा। वो कहेंगे-कार्ड बनाना ज़रूरी है। वो आपको अपनी कथित ऊँची-पहुँच का हवाला देकर आसानी से कार्ड बनाकर देने की बात कहेंगे।

"अंधा क्या चाहे, दो आँख" टाइप मामला हो जाता है और नवागंतुक एक्टर को लगता है कि उसकी तो सारी चिंता ही दूर हो गई। अपने कुछ दो-चार पुण्य याद करते हुए उसे ये झाँसेबाज़, भगवान का भेजा दूत सा लगता है और वो नतमस्तक होकर उसे ही अपना गॉड फ़ादर मान बैठता है। ऐसे कई धोखेबाज़ अपनी दुकानें भी जमाकर बैठे हैं।

वे बाक़ायदा आपको मैसेज या फ़ोन करके फ़िल्म या सीरियल के ऑडिशन का हवाला देकर ऑफ़िस बुलाएंगे। फिर झूट-मूट का ऑडिशन आपको उसमें पास भी कर देंगे। आपको बधाई देंगे। फिर आपका आर्टिस्ट कार्ड मांगेंगे। फिर जैसे ही आप कार्ड नहीं होने का रोना रोएंगे, उनकी बन आएगी। फिर आप जो भी बोलेंगे उनको सिर्फ़ कुकड़ू कूँ ही सुनाई देगा और कुछ ही देर में आप हलाल।

ऐसे लोग सिंटा (CINTAA-CINE & TV ARTISTES ASSOCIATION),

या शिव सेना चित्रपट शाखा (Film Crafts Federation), या फिर अन्य ऐसी ही कोई भी यूनियन के नाम का कार्ड बनाने का झाँसा देकर कई गुना मोटी रकम ले लेते हैं। कार्ड नहीं बनता।

फिर टालमटोल में दो चार महीने भी निकल सकते हैं। तब तक शायद ही वो क्टर मुम्बई में टिक पाए। इक्का-दुक्का अगर कोई टिक जाए और कार्ड लेने पर अड़ ही जाएं, तो ये बनाकर दे देते हैं, जिसकी लागत मामूली होती है। तब भी इनको मुनाफ़ा है, क्योंकि ये कई गुना ज़्यादा क़ीमत ले चुके होते हैं। आर्टिस्ट इसी भ्रम में रहता है कि कार्ड उतने का ही बना है, जितने पैसे दिए हैं।

अब मैं आपको बताता हूँ कि आर्टिस्ट कार्ड बनाना बहुत आसान कैसे है, बशर्ते अगर आप ख़ुद सम्बंधित ऑफ़िस जाकर बनवाने की ज़हमत उठाएं।

आपका एक रुपया भी ज़्यादा या किसी को कमीशन देने पर ख़र्च नहीं करना होगा। कुछ बातें ध्यान रखिए।

सबसे पहले बात सिंटा CINTAA की।

ये एक्टर्स की सबसे बड़ी और प्रतिष्ठित संस्था है। गैर-राजनीतिक है।

इसका कार्ड बनाने के लिए 10 हज़ार रुपए चाहिए।

ये कार्ड वर्क-परमिट (WORK PERMIT) के रूप में एक साल के लिए मिलेगा। एक साल बाद फिर 10 हज़ार रुपए देकर आपको

नवीनीकरण (Renewal) कराना होगा। फिर तीसरे साल आपका स्थाई कार्ड (Permanent Card) बनेगा।

इसके लिए 10 हज़ार रुपए फ़ीस है। यानी 3 साल में कुल मिलाकर आपको 30 हज़ार रुपए देने होंगे। एक साथ नहीं। (last updates 31 March 2017)

धोखेबाज़ लोग सिंटा कार्ड के नाम से तीस-पैंतीस हज़ार रुपये एक साथ मांगते हैं, जबकि ये तीन साल में देने होते हैं।

ध्यान रखिए, सिंटा का वर्क परमिट कार्ड भी तभी बनेगा, जब आपने कम से कम एक फ़िल्म (किसी भी भाषा की) में या फिर 6 टीवी एपिसोड में काम कर लिया हो।

सिंटा द्वारा आपको इंटरव्यू के लिए बुलाया जाएगा, जिनमें इन एपिसोड का डीवीडी DVD आपको वहाँ देनी है।

अगर आपने कहीं काम नहीं किया तो भी कोई बात नहीं।

जो भी प्रोडक्शन हाउस आपको काम दे रहा है, उससे एक लेटर हेड पर लिखवा कर लाइए कि आपको उन्होंने, उनकी फ़िल्म या सीरियल के लिए चुना है। इस आधार पर भी आपको वर्क परमिट कार्ड मिल जाएगा। NSD, FTII और किसी भी सरकारी मान्यता प्राप्त संस्थान से एक्टिंग सीखने वालों को सीधे मेम्बरशिप मिल सकती है। उन्हें वर्क परमिट कार्ड बनाने की ज़रूरत नहीं है।

CINTAA OFFICE का पता है-

221, Kartik Complex, 2nd Floor. Opp. Laxmi Industrial Estate, New Link Road, Andheri West, Mumbai - 400053.

शिवसेना का कार्ड बनाने की जानकारी अगली पोस्ट में। मेरा प्रयास है, कोई मुर्गा न बनें। उसे सही रास्ता मिले।

आपके उज्ज्वल भविष्य के लिए मेरी शुभकामनाएँ।

नरेश पाँचाल, एक्टिंग कोच,
लोखंडवाला, अंधेरी वेस्ट, मुम्बई।

3.

एक्टर बनना है?...पढ़ने से नहीं, करने से ही आएगी एक्टिंग!

अभिनय (Acting) को 'करत की विद्या' कहा गया है। यानी एक्टिंग सिर्फ़ पढ़ने-सुनने से नहीं आ सकती। हाँ, इससे आपकी जानकारी में इज़ाफ़ा ज़रूर होगा।

समझ बढ़ेगी। लेकिन अच्छे एक्टर तो आप एक्टिंग कर करके ही बन सकेंगे।

एक ज़माना था, जब एक्टिंग के बारे में लोगों को पर्याप्त जानकारी भी नहीं मिल पाती थी। लोगों को इतनी ज़्यादा एक्टिंग भी देखने को नहीं मिलती थी।

किसी भी जानकारी के लिए एनसाइक्लोपीडिया (**Encyclopedia**) खोलना पड़ता था। या फिर लाइब्रेरियों में जा जाकर सम्बंधित विषय की सामग्री तलाश करनी पड़ती थी। यानी सिर्फ़ जानकारी जुटाने में ही लोगों को पसीने छूट जाते थे। भागदौड़ भी काफ़ी होती थी।

अब ज़माना बहुत बदल गया है। इस समय जानकारी हासिल करना पलक झपकने जैसा हो गया है। इंटरनेट ने ज्ञान या जानकारियों (**Knowledge**) की एक तरह से बाढ़ ला दी है। वहीं जानकारी के विकल्प सुझाने में **Google** एक तरह से अलादीन का जिन्न हो गया है जो ऑर्डर देते ही जानकारी के लिंक को थमा देता है। फिर यू ट्यूब है। यहाँ आप जानकारी से लबरेज़ एक से बढ़कर

वीडियोज़ देख और समझ सकते हैं। यानी जानकारी अब आपकी मुट्ठी में है। लेकिन अभिनेता बनने के लिए सिर्फ़ जानकारी पर्याप्त नहीं है। जैसे तैरना सीखने के लिए सिर्फ़ ये जानकारी पर्याप्त नहीं है कि पानी में कूदने के बाद हाथों को ऐसे हिलाना, पैरों के वैसे हिलाना। स्वीमिंग पूल से बाहर कोई आपको साल-छह महीने तक भी तैयार करे तो भी आप तैराक नहीं बन सकते।

मान लीजिए कि आपको एक ट्रेनर मिल गया जो आपको तैराकी सिखाएगा। लेकिन वो पानी में उतारने के बजाय आपका वक़्त दूसरी चीज़ों में ही निकाल रहा है। जैसे कि तैराक बनने के लिए आपका सम्पूर्ण शरीर, माँसपेशियाँ मज़बूत होनी चाहिए... इसलिए वर्कआउट करो। इसके लिए रोज़ाना कभी योगा तो कभी स्ट्रेचिंग और कभी जिम का वर्कआउट करा रहा है। पानी के डर को निकालने के लिए मनोवैज्ञानिक थैरेपी या मोटीवेशनल बातें कर कर के डर दूर करने के उपाय बता रहा है। स्वीमिंग पूल के पानी में क्लोरीन की वजह से त्वचा ख़राब होने का डर रहता है, इसलिए इस पर भी लेक्चर सुना रहा है। तैराकी से सिर के बाल भी ख़राब हो सकते हैं, इसलिए बालों का कैसे ख़याल रखे, इसकी जानकारी में वक़्त जा रहा है। पानी में कैसे साँस ली जाती है, इसके लिए वीडियो दिखा-दिखाकर आपको समझाया जा रहा है। तैराकी कितने प्रकार की होती है इसकी जानकारी दी जा रही है और **Front Crawl, Backstroke, Butterfly, Sidestroke** आदि प्रकार की तैराकी के वीडियोज़ दिखा-दिखाकर आपको इनमें अंतर समझाया जा रहा है। इन सबको करने में काफ़ी वक़्त चला गया, लेकिन क्या आप तैराकी सीख पाए? दरअसल सीख नहीं पाए, सिर्फ़ समझ पाए हैं। मैंने वही कहा कि जानकारी तो अब आपकी मुट्ठी में है। ज़रूरी यह है कि आपको प्रेक्टिकली तैराकी सिखाई जाए। शुरू में कम पानी में डालकर आपका डर निकाला जाए। वहीं हर चीज़ सिखाई जाए।

एक्टिंग ट्रेनिंग भी इसी प्रकार की होती है। उसे सिर्फ़ सुनकर या पढ़कर आप नहीं समझ सकते। वो करने से ही आती है। इसीलिए, जैसा की मैंने ऊपर कहा कि एक्टिंग 'अभिनय करत की विद्या है।' एक्टिंग करने के रास्ते खोजिए।

नरेश पाँचाल, एक्टिंग कोच,
लोखंडवाला, अंधेरी वेस्ट, मुम्बई।

4.

एक्टर बनना है?...आँखें खुली रखिए!

बुरा मत मानिएगा...मैं कोई ताना नहीं मार रहा। ☺। मैं एक्टिंग की बहुत ही ज़रूरी बात आपको समझाना चाह रहा हूँ। 'आँखें खुली रखिए' मतलब आपके आसपास क्या चल रहा है, क्या हो रहा है, इस बारे में सदैव जागरूक रहिए। चीज़ों को ग़ौर से देखना शुरू कीजिए। हालाँकि ये बात कहने-सुनने में आपको बहुत सामान्य सी लग रही होगी। लेकिन ऐसा नहीं है। ये एक्टिंग की रीढ़ की हड्डी है। और इसका दायरा बहुत व्यापक है।

एक्टिंग की दुनिया में इसे कहा जाता है **अवलोकन (Observation).** अगर आपकी अवलोकन क्षमता अच्छी नहीं है तो आपकी एक्टिंग बहुत सीमित रह जाएगी। विकसित ही नहीं हो सकेगी। अगर आपको एक्टर के रूप में अपनी **रेंज (Range)** बढ़ाना है तो लोगों को ध्यान से देखना शुरू कीजिए। कोई व्यक्ति कैसे चलता है। कैसे बैठता है। कैसे खाना खाता है। कैसे हँसता है। कैसे मोबाइल फ़ोन पर बात करता है। बात करते समय हाथों को किस तरह हिलाता है। इससे धीरे-धीरे आपका दिमाग़ अभ्यस्त होने लगेगा। फिर आप पाएंगे कि किसी व्यक्ति की कोई बात बड़ी मज़ेदार है। किसी की कोई आदत बड़ी ख़ास है। किसी की कोई बात आपको ज़बरदस्त, अद्भुत, मूर्खतापूर्ण या हास्यास्पद लगे। उसका हुलिया क्या है। यानी उसने किस तरह के कपड़े या ड्रेस पहनी हुई है। इन सब बातों पर ग़ौर कीजिए। आप सबका अवलोकन कीजिए महिला, पुरुषों या बच्चों का भी। भूलने से

बचने के लिए, नोट्स लिखिए। ये अभिनेता के तौर पर आपका अध्ययन है। धीरे-धीरे आपको इस अध्ययन में आनन्द आने लगेगा। साथ ही आपको अहसास होगा कि लोग किस-किस तरह से अपने आपको व्यक्त करते हैं, किस तरह अभिव्यक्त करते हैं। कई प्रकार के पेशे से सम्बंधित व्यक्ति भी ख़ास तरह से व्यवहार करते हैं। जैसे वकील, डॉक्टर, पुलिस इंस्पेक्टर, सैनिक आदि। आप ग़ौर कीजिए कि डॉक्टर कैसे मरीज़ की नब्ज़ देख रहा है, फ़ोटोग्राफ़र कैसे फ़ोटो क्लिक कर रहा है, जिम ट्रेनर कैसे किसी को ट्रेनिंग दे रहा है। शिक्षक कैसे पढ़ा रहा है। स्टूडेन्ट्स कैसे लैब में कैमिकल रिएक्शन देख रहे हैं। यहाँ तक कि मज़दूर, भिखारी, सब्ज़ी बेचने वाले, व्यापारी आदि का भी अवलोकन करें। हर तरह के लोगों को ग़ौर से देखिए कि वे अपने पेशे के दौरान किस तरह काम करते हैं। आप जितना ग़ौर करेंगे, आपको आश्चर्य होगा कि कई नई-नई बातें आपको पता चल रही हैं। आपकी जानकारी या details में इज़ाफ़ा होता जाएगा। फिर कभी आपको वो कैरेक्टर या उस तरह का काम करने का मौक़ा मिलेगा तो आपको बहुत आसानी होगा। उस कैरेक्टर का अध्ययन करने का समय बच जाएगा।

याद रखिए। अवलोकन सिर्फ़ लोगों का ही नहीं करना है। चीज़ों का, आसपास के नज़ारे का, लोकेशन का भी अवलोकन कीजिए। इंटीरियर, डिज़ाइन, आकार-प्रकार, रंग संयोजन, फ़ैशन आदि हर बात का आप अवलोकन कर सकते हैं। आप इतना समझ लीजिए कि आप जो भी ये सब-कुछ देख और समझ रहे हैं, ये बाद में आपकी एक्टिंग में कहीं न कहीं काम आएगा। कोई ख़ास कैरेक्टर करते समय आप अपने इस अवलोकन के ख़ज़ाने का उपयोग कर सकते हैं। जैसे किसी व्यक्ति की हँसी आपको बहुत अच्छी लगी हो तो आप उस तरह की हँसी अपने इस कैरेक्टर को दे सकते हैं। किसी का आँखें मटकाना, चलना या हाथ हिलाना आपको कुछ मज़ेदार लगा हो तो आप उसे ज़रूरत के अनुरूप अपने कैरेक्टर को दे सकते हैं।

तो आँखें खुली रखिए। अपने मोहल्ले में, अपनी बिल्डिंग में, ट्रेन में, बस में, अस्पताल में, सड़क पर...जहाँ भी आप हों, वहाँ लोगों को ध्यानपूर्वक देखना शुरू कीजिए। जब भी आपको कोई व्यक्ति ज़रा हट के या दूसरों से कुछ अलग सा नज़र आए, उसकी हरकतों को ग़ौर से देखना शुरू कीजिए। यहाँ एक चेतावनी याद रखिए। वह ये कि आप जब किसी का अवलोकन करें तो उसे घूरिये मत। वरना वो व्यक्ति आप पर शक़ कर बैठेगा, कि आप उसे नुकसान पहुँचाना चाहते हैं। उसे आप संदिग्ध लग सकते हैं। इसलिए चुपचाप या चोर नज़रों से ही किसी अवलोकन करें। यानी उस व्यक्ति को पता नहीं चलना चाहिए। इसे आप ज़िंदगी से ज़िंदगी की चोरी कह सकते हैं। लेकिन इसे आप जायज़ कह सकते हैं, क्योंकि आप इससे किसी को कोई नुकसान नहीं पहुँचा रहे।

एक और बात याद रखिए। किसी दूसरे से चुराई हुई कोई भी आदत या बात अगर आप किसी कैरेक्टर में काम ले रहे हैं, तो उसकी नकल कतई न करें। उनकी उस ख़ास अदा या अंदाज़ को आप अपने अंदाज़ में पेश कीजिए। नकल करेंगे तो ये मिमिक्री बन जाएगी। हालाँकि मिमिक्री भी अपने आप में एक कला है, लेकिन ये एक्टिंग नहीं कहलाती। (इसीलिए मिमिक्री आर्टिस्ट अच्छे एक्टर नहीं बन पाते, क्योंकि वे किसी की आवाज़ या हावभाव की नकल करने में माहिर होते हैं, लेकिन अपने विवेक से किसी भाव को पेश करने में कमज़ोर होते हैं।) एक्टर को यही याद रखना है कि उसे लोगों के अवलोकन से हासिल हुई ख़ास बातों को ख़ुद की स्टाइल में सम्बंधित कैरेक्टर के अनुरूप पेश करना है। इससे आपकी प्रस्तुति में अनूठापन आ जाएगा।

नरेश पाँचाल, एक्टिंग कोच,
लोखंडवाला, अंधेरी वेस्ट, मुम्बई।

5.

एक्टर बनना है?...अतिआत्मविश्वास (Over-Confidence) से बचें!

मैं अपनी क्लास में स्टूडेन्ट्स को भरपूर मौक़ा देता हूं कि वे किसी मोनोलॉग पर या किसी सीन पर ख़ूब काम करें। प्रैक्टिस करें। उनसे कहता हूँ कि गलती होने के डर से हिचकिचाओ मत, क्योंकि वे सीखने आए हैं। ये समझ लेना बहुत ज़रूरी है कि एक्टिंग एक **Performing Art** है। आपको कैमरे या दर्शकों के सामने पेश (Perform) करना होता है, प्रस्तुति देनी होती है। सिर्फ़ समझ लेने से काम नहीं चलता। अच्छी प्रस्तुति के लिए ख़ूब मेहनत करनी होती है। जैसे पानी में उतरे बिना आप तैरना नहीं सीख सकते। वैसे ही एक्टिंग है। इसलिए मेरा ज़ोर इस बात पर रहता है कि जितनी ग़लतियाँ करनी हैं, क्लास में एक्टिंग सीखने के दौरान कर डालो। तभी तो मैं एक्ट में रही आपकी कमियाँ और ग़लतियाँ आपको बता सकूंगा। आप भी जानेंगे तभी तो ख़ामियों को दूर कर सकेंगे। इसका बहुत अच्छा असर होता है। स्टूडेन्ट्स अपनी ख़ामियों को दूर करते चले जाते हैं, और धीरे-धीरे उनका अभिनय निखरता जाता है। इसका फ़ायदा ये होगा जब वे कोई शूट करेंगे तो कॉन्फ़ीडेन्ट रहेंगे और अपने कैरेक्टर को बख़ूबी निभा पाएंगे।

जब आप कॉन्फ़ीडेन्ट होते हैं (ओवर कॉन्फ़ीडेन्ट नहीं), तो कठिन से कठिन सीन को आसानी से कर पाते हैं। अगर मन में कहीं घबराहट है, तो फिर बात नहीं बन पाती। (हाँ, हल्की सी घबराहट या नर्वसनेस अच्छी होती है।) लेकिन ज़्यादा घबराहट

की कई वजहें हो सकती हैं। अगर आप प्रोफ़ेशनल एक्टर हैं तो ये आपकी ज़िम्मेदारी है कि जैसा डायरेक्टर चाहे वैसी एक्टिंग कर दें। इसलिए आपके भीतर कॉन्फ़ीडेन्स होना बहुत ज़रूरी है। तभी आप अपने हिस्से का एक्ट सही ढंग से कर पाएंगे। जब आप कोई चीज़ करना सीख लेते हैं तो आपका कॉन्फ़ीडेन्स अपने आप बढ़ जाता है। लर्निंग से आपकी कमियाँ, ख़ामियाँ दूर होती हैं। लर्निंग आपका आत्मविश्वास बढ़ाती है। लर्निंग आपके अभिनय में चमक पैदा करती है। कोई शॉर्ट कट नहीं है। जब आप आत्मविश्वास से भरे होते हैं तो सीन के दौरान अपने साथी कलाकारों के साथ आप सहजता से संवाद कर पाते हैं। इससे सीन बेहतर बन जाता है।

लेकिन यहाँ एक चेतावनी है...Be Aware...!!

अतिआत्मविश्वास (Over-Confidence) आपके एक्ट को ख़राब कर सकता है। अतिआत्मविश्वास के कारण आप बहुत नाज़ुक भावनाओं को भी सतही तौर पर करने लगते हैं। इससे आपका एक्ट यांत्रिक सा हो जाता है। सीन पूरा हो तो जाता है, लेकिन बेजान सा। ऐसे एक्टर को ये भ्रम रहता है कि उससे तो कोई ग़लती हो ही नहीं सकती। ऐसा एक्टर जैसे ही एक्ट शुरू करता है, तो अतिआत्मविश्वास की वजह से उसकी एकाग्रता चली जाती है। ऐसे में वो संवाद भूलने लगता है, अटकने लगता है। फिर जब डायरेक्टर कुछ टोकता है तो ऐसे एक्टर इसमें ख़ुद की बहुत बड़ी बेइज़्ज़ती **(insult)** महसूस करते हैं। ख़ुद को कोसने भी लगता हैं। इसी कारण अतिआत्मविश्वास बहुत घातक है। कई बार ये ओवर कॉन्फ़ीडेन्स एक्टर को घमंडी भी बना देता है जो बहुत नुकसान दायक है। इससे सतर्क रहें। इसके बजाय हल्की सी घबराहट ज़्यादा फ़ायदेमंद होती है। क्योंकि इससे एक्टर पूरा एकाग्र होकर काम करता है और अच्छा काम कर पाता है। Think it...:)

**नरेश पाँचाल, एक्टिंग कोच,
लोखंडवाला, अंधेरी वेस्ट, मुम्बई।**

6.

आर्टिस्ट कार्ड चाहिए?...ख़ुद ज़हमत उठाइए!

आर्टिस्ट कार्ड बनाना दरअसल बहुत आसान है, लेकिन लोग ज़हमत उठाना ही नहीं चाहते। टालू और आलसी रवैया अपनाते हैं। मेहनत से बचने के लिए किसी एजेंट को तलाशते फ़िरते हैं।

ये हरकत "आ बैल, मुझे मार" जैसी है। अगर आप मुम्बई में ट्रेवलिंग से नहीं घबराते, तो फिर कार्ड बनाने के लिए सम्बंधित ऑफ़िस जाना कोई बड़ी बात नहीं है। क्योंकि अगर आप इतना भी नहीं कर सकते तो फिर ऑडिशन भी क्या दे पाएंगे?

ऑडिशन के लिए तो ख़ूब ट्रेवल करना पड़ता है। ऐसी आलसी मानसिकता वाले लोग ऑडिशन पर जाने से बचने के लिए भी एजेंट ही तलाशते हैं और ज़्यादातर ठगे जाते हैं। एक पोस्ट में मैंने एक्टर्स की सबसे बड़ी और भावशाली यूनियन CINTAA का कार्ड बनाने की जानकारी दी थी।

आज शिवसेना या इससे जुड़ी फ़ेडरेशन का आर्टिस्ट कार्ड बनाने की जानकारी दे रहा हूँ। आप जानकर हैरान हो जाएंगे कि इनकी मेम्बरशिप फ़ीस नाममात्र जैसी ही है।

शिवसेना की चित्रपट शाखा का जो आर्टिस्ट कार्ड बनता है, उसकी फ़ीस लगभग सिर्फ़ 3000 (Three Thousands) रुपए है। (30 जून 2017 तक की जानकारी के अनुसार)

अनुभवः-कोई अनुभव होना ज़रूरी नहीं है। एक्टर के रूप में काम करना चाहते हैं, यही बहुत है।

पता-G-9, Nutan Nagar Society, Guru Nanak Road, Near Bandra Lake, Bandra West, Mumbai - 400050

ऑफ़िस का वक़्तः-सुबह 11 बजे से शाम 5 बजे।

पहचान पत्र (I.D. Proof) और मुम्बई के एड्रेस प्रुफ़ की ज़ेरॉक्स कॉपी और 2 फोटो ज़रूरी हैं। अगर मुम्बई से बाहर का कोई है तो किरायानामा (Rental Agreement) की कॉपी।

अगर आप मुम्बई में पेइंग गेस्ट के तौर पर रह रहे हैं तो मकान मालिक को या जिसके नाम से पी.जी. चल रहा है, उसे अपने किरायेनामा की कॉपी पर ये लिखकर देना होगा कि आप (या सम्बंधित एक्टर) उसके यहाँ किराए से बतौर पी.जी. रहता है। साथ ही अपने गाँव या मूल निवास का भी कोई एड्रेस प्रुफ़ देना होगा। जैसे टेलिफ़ोन बिल, बिजली का बिल आदि। शिवसेना ने ही एक अन्य संगठन बना रखा है जो भी आर्टिस्ट कार्ड बनाता है। इसका नाम है फ़िल्म क्राफ़्ट्स फ़ेडरेशन (Film Craft Federation)।

दरअसल इसे गैर-राजनीतिक संगठन के तौर पर गठित किया गया है। इसीलिए इसके नाम में शिवसेना का कहीं ज़िक्र नहीं है। इसका आर्टिस्ट कार्ड सिर्फ़ 2000 रुपए (Two Thousands only) में बनता है। इस कार्ड का फ़ायदा ये है कि इससे आप महाराष्ट्र से बाहर भी काम कर सकते हैं।ध्यान दीजिए, दोनो उपर्युक्त संगठनों का पता एक ही है, जो ऊपर दिया गया है।जिन लोगों को CINTAA CARD बनाने की जानकारी चाहिए, कृपया अन्य पोस्ट में पढ़ें।

नरेश पाँचाल, एक्टिंग कोच,
लोखंडवाला, अंधेरी वेस्ट, मुम्बई।

7.

एक्टर बनना है...आर्टिस्ट कार्ड
ज़रूरी है क्या?

मुझे एक्टर बनना है...आर्टिस्ट कार्ड ज़रूरी है क्या?

मेरे ख़याल से यही वो सवाल है जो नए नवेले एक्टर्स के दिमाग़ में बार-बार कौंधता है।

मेरे इन-बॉक्स में भी सबसे ज़्यादा यही सवाल उभरता है। उनके लिए आर्टिस्ट कार्ड एक हौवा (Horrible thing) है। तो आज आप जान लीजिए कि आर्टिस्ट कार्ड ज़रूरी है या नहीं।

इसका जवाब हाँ भी है और ना भी। कैसे? जान लीजिए। सबसे पहले तो ये बात दिमाग़ में बैठा लीजिए कि आर्टिस्ट कार्ड इसमें बाधा नहीं है। मेरा तो पिछले आठ सालो का अनुभव रहा है कि मेरे कई स्टूडेन्ट्स को ट्रेनिंग के बाद बिना आर्टिस्ट कार्ड के ही, सिर्फ़ ऑडिशन के आधार पर काम मिला है।

अभी भी यही हो रहा है।

अगर प्रोडक्शन हाउस को आपका लुक और एक्टिंग भा गई तो आर्टिस्ट कार्ड कोई मसला है ही नहीं। आप बेहिचक काम कर सकते हैं। आपको काम मिल जाएगा।

टेंशन न लें। लेकिन उन झाँसेबाज़ों से हमेशा दूर रहें जो कार्ड को ज़रूरी बताकर आपसे पैसे हड़प लेते हैं।

फिर एक बार मैं दोहरा रहा हूँ कि कार्ड होने या न होने से काम मिलने का कोई सम्बंध नहीं है। आप बस जमकर ऑडिशन दें। अब ये जान लीजिए कि कार्ड क्यों ज़रूरी है।

जितने भी पेशे हैं उन सबके कर्मचारियों के संगठन (Unions) होते हैं। जैसे डॉक्टरों की यूनियन, शिक्षकों की, नर्सों की, ऑटो वालों की, मज़दूरों की और यहाँ तक कि फेरी वालों की भी यूनियन होती है, जो उनके हितों के लिए, उनके हक़ के लिए सतत प्रयत्नशील रहती हैं। जैसे ऑटो वालों की कोई समस्या है और सरकार ध्यान नहीं दे रही, तो यूनियन निर्णय करके हड़ताल करा देती है।

किसी डॉक्टर या मज़दूर के साथ कुछ ग़लत होता है तो उनकी यूनियनें उनके हित में सम्बंधित एजेंसीज़ पर कार्रवाई करने के लिए दबाव डालती है। इसी तरह एक्टर्स की भी यूनियन है।

सबसे बड़ी और शक्तिशाली यूनियन है **सिंटा** (CINTAA-CINEMA & TV ARTISTES ASSOCIATION)। विक्रम गोखले इसके अध्यक्ष हैं। सुशान्त सिंह महासचिव हैं। (last update 10 जून 2017) अगर आप इस यूनियन के सदस्य हैं

तो ये यूनियन **सिंटा** आपके हितों की रक्षा करेगी। जैसे कोई प्रोड्यूसर आपके पैसे नहीं दे रहा है

तो **सिंटा** आपको पैसे दिलाने के लिए आवश्यक कार्रवाई करेगी।

तो आपके जो भी अधिकार हैं उनकी रक्षा **सिंटा** करेगी। इससे आप अपने आपको अकेला नहीं समझेंगे बल्कि आत्मविश्वास से भरे रहेंगे कि कोई आपके साथ धोखा नहीं कर सकता। **सिंटा** का सदस्य बनने के लिए पहले आपको वर्क परमिट कार्ड बनाना होगा, जो 10 हज़ार रुपए में बनता है। दूसरे साल फिर 10 हज़ार में इसका नवीनीकरण कराना होगा। फिर तीसरे साल 10 हज़ार रुपए में आपको स्थाई सदस्यता का कार्ड मिलेगा। सिंटा के कार्ड के लिए ज़रूरी है कि आपने कम से कम एक किसी भी भाषा की फ़िल्म में एक्टर के रूप में काम किया हो या फिर किसी भी भाषा के कुल छह एपिसोड किए हों। सिंटा के इस नियम से ही आप समझ सकते हैं कि

बिना कार्ड के भी आप काम कर सकते हैं क्योंकि कार्ड तभी मिलेगा जब आप काम कर चुके होंगे।तो समझ लीजिए कि

आर्टिस्ट कार्ड आपके हितों की रक्षा के लिए है,काम मिलने की गारंटी नहीं है। कई एक्टर कार्ड के बावजूद काम के लिए भटकते रहते हैं, जबकि कई को बिना कार्ड के ही काम मिल जाता है। अब कई अन्य लोगों ने भी एक्टर्स के नाम पर संगठन बना लिए हैं, लेकिन उनका क़द और ताक़त सिंटा जैसी नहीं है। आप ग़ौर कीजिए...अगर आपको अपनी रक्षा के लिए कोई बॉडीगार्ड रखना हो तो आप किस तरह का गार्ड रखेंगे? शक्तिशाली या कमज़ोर सा?

कमज़ोर बॉडी गार्ड भले ही कम फ़ीस में आपको सर्विस दे, लेकिन आप उसे नहीं चुनेंगे। आप शक्तिशाली को ही चुनेंगे। इसीलिए आर्टिस्ट कार्ड सिंटा का ही बनाएं क्योंकि CINTAA सबसे अच्छा गैर राजनीतिक संगठन है।

CINTAA OFFICE का पता है-

221, Kartik Complex, 2nd Floor. Opp. Laxmi Industrial Estate, New Link Road, Andheri West, Mumbai - 53.

सिंटा के बारे में और अधिक जानकारी आप इसकी वेबसाइट से प्राप्त कर सकते हैं। ये है-

www.CINTA.net

मेरा सुझाव है कि अगर आपके पास अनुभव नहीं है और कार्ड बनवाना ही चाहते हैं तो आप शिवसेना का कार्ड बना सकते हैं। शिवसेना के फ़िल्म क्राफ़्ट फ़ेडरेशन के कार्ड की फ़ीस 2000 रुपए और शिवसेना के कार्ड की फ़ीस 3000 रुपए है। (30 जून 2017 तक की जानकारी के मुताबिक)

कार्ड बनाने की सम्पूर्ण जानकारी मैंने अपनी पिछली पोस्ट में दी है।

कृपया जितना हो सके इस जानकारी को शेयर करें ताकि कई लोग कार्ड के नाम पर धोखा न खाएं। बिना कार्ड भी आप काम कर सकते हैं। कोई डराए तो डरें नहीं।

हाँ...कभी कभी कोई प्रोडक्शन हाउस जब सिर्फ़ अनुभवी कलाकारों को ही काम देना चाहे तो कई बार वे सिंटा कार्ड के बारे में पूछते हैं, लेकिन पैसे नहीं मांगते। पैसा कभी किसी को न दे। अब बताइए...आर्टिस्ट कार्ड का हौवा निकला या नहीं?

**नरेश पाँचाल, एक्टिंग कोच,
लोखंडवाला, अंधेरी वेस्ट, मुम्बई।**

8.

एक्टर बनना है?...आलस के भूत को बाहर खदेड़ें!

आप एक्टर हैं। आप जानते हैं कि कोई भी दूसरा **पात्र (Character)** निभाने के लिए आपको उस पात्र में ढलना होता है। या इस तरह भी कह सकते हैं कि आपको उस कैरेक्टर के भीतर प्रवेश करना पड़ता है। **(you have to get into the skin of that character)।**

आसानी से ये सब कर पाने के लिए बहुत मेहनत और समझ चाहिए। एक्टर बनने की चाहत रखने वाले कई लोग इस स्तर तक पहुँच ही नहीं पाते। वे किसी कैरेक्टर में घुस ही नहीं पाते। इसकी कई वजहें हो सकती हैं, जो उस व्यक्ति को देख-समझकर ही पता चल सकती है।

लेकिन एक वजह शायद ये भी है जो आपको इस स्तर तक पहुँचने ही नहीं देगी। क्योंकि एक बहुत ही "स्पेशल कैरेक्टर" पहले से ही आपके भीतर घुसा हुआ है। उस "स्पेशल कैरेक्टर" को आप बाहर निकालेंगे तभी तो आप किसी दूसरे कैरेक्टर में घुस पाएंगे। ये स्पेशल कैरेक्टर जो आपको सब-कुछ करने से रोक रहा है, वो है **"आलस का भूत"** (Ghost of laziness)। ये अदृश्य (Invisible) होता है, फिर भी आपसे बातें करता रहता है। अच्छे-अच्छे गुणी एक्टर्स को भी ये भूत कहीं का नहीं छोड़ता। कई अच्छे एक्टर इसी भूत ने बर्बाद भी कर दिए हैं।

आपकी हर हार पर वो आपको भीतर ही ज़ोरदार ठहाके लगाता रहता है। आप कुछ करने की सोचते हैं, आलस का भूत तुरंत

सक्रिय हो जाता है और आपसे कहता है कि-"इसकी क्या ज़रूरत है। कुछ नहीं होने वाला।"

आप कहीं काम से जाने की सोचते हैं। ये भूत फिर आपसे कहता है-"ऐ पागल...अभी बरसात हो रही है। क्या ज़रूरत है बाहर निकलने की। भीग जाओगे।"

आप ऑडिशन देने की सोचते हैं, ये भूत फिर आपको धराशायी करने आ जाता है-"क्या होता है ऑडिशन से। घर बैठकर ही कुछ जुगाड़ करने की सोचो।" और आप उसकी बात मानकर बैठ जाते हैं।

ये आपकी हार है। इस तरह ये भूत आपको हर दिन कई बार हराता है और आपके हारते ही ज़ोरदार ठहाके लगाता है। जॉगिंग या जिम जाने के लिए सुबह जल्दी उठने की सोचते हैं, लेकिन ये भूत आपको रोकने की भरपूर कोशिश करता है-"अरे...अभी नींद बाकी है... शूज़ गंदे हैं या सॉक्स नहीं मिल रहे...शाम को ठीक रहेगा..."

ऐसी बातें कहके ये भूत आपको फिर बिस्तर पर चित्त कर देता है। आप फिर इस से हार जाते हैं। वो ठहाके लगाता है। इस का हरदम यही प्रयास रहता है कि आपको कुछ करने न दे। आपको नाकारा करके छोड़ दे। यही इस भूत की जीत है और आपकी हार।

ये भूत कई एक्टर्स के भीतर घुसकर उनका ही कैरेक्टर अपने जैसा (भयंकर आलसी) बना देता है। ऐसे में वो एक्टर कहाँ से किसी दूसरे कैरेक्टर में जा पाएंगे।

क्योंकि दूसरे कैरेक्टर में जाने के लिए बहुत तैयारी और कड़ी मेहनत करनी होती है। एकाग्रता (Concentration) के साथ तैयारी में जुटना पड़ता है।

तभी कोई कैरेक्टर (जैसे मुग़ले आज़म अकबर, गब्बर सिंह, अनारकली, मोगेम्बो, मदर इंडिया, आनंद, मुन्नाभाई, जय-वीरू, ठाकुर, बसंती समेत 'शोले' के सारे कैरेक्टर, क्वीन, दत्तो) बनकर इतिहास के पन्नों में हमेशा जीवंत रह सकता है। बहुत लम्बी सूची है ऐसे कई किरदारों की जिन्हें हिन्दी सिनेमा के अभिनेताओं

ने अमर कर दिया है। मोतीलाल, दिलीप कुमार, गुरुदत्त, राजेश खन्ना, अमिताभ बच्चन, नसीरुद्दीन शाह, ओम पुरी, स्मिता पाटिल, मीना कुमारी, मधुबाला, वहीदा रहमान, प्राण, बलराज साहनी, शबाना आज़मी, उप्पल दत्त, संजीव कुमार, अमज़द ख़ान, नूतन, रेखा, देव आनन्द, अमरीश पुरी, ओम पुरी, राजकपूर, शम्मी कपूर, शशि कपूर, आमिर ख़ान, पंकज कपूर, परेश रावल, इरफ़ान ख़ान, आमिर खान, कंगना राणावत समेत बहुत बड़ी सूची है जिन्होंने कई कैरेक्टर्स को जीवंत करके अच्छे अभिनय की छाप छोड़ी। नवाज़ुद्दीन सिद्दीक़ी, आशुतोष राणा, मनोज वाजपेयी, विद्या बालन समेत कई एक्टर इस सूची में शामिल हैं जिन्होंने कई फ़िल्मों में बख़ूबी दूसरे कैरेक्टर में प्रवेश किया और लोगों का दिल जीता। आप को भी लोग तभी याद करेंगे जब आप ऐसा ही कुछ तगड़ा काम करेंगे। इस स्तर पर आने के लिए बहुत धैर्य और मेहनत की ज़रूरत है। आप भी दूसरे कैरेक्टर में बख़ूबी प्रवेश करने की योग्यता रखते हैं, लेकिन क्या आपके भीतर पहले से आलसी भूत का कैरेक्टर घुसा हुआ है।

पहले इसे बाहर खदेड़ दें। इच्छा शक्ति की बाड़ लगा दें ताकि ये आपके ख़यालों और आपकी प्लानिंग को तहस-नहस न कर पाए। जैसे ही ये कुछ कहे, इसे थैंक्यू कहके उठ बैठिए, मुस्कुराइए... ये आपकी जीत है! देखिए फिर। आपका आलस का भूत चित पड़ा होगा और आप ठहाके लगाकर हँस रहे होंगे।

**नरेश पाँचाल, एक्टिंग कोच,
लोखंडवाला, अंधेरी वेस्ट, मुम्बई।**

9.

एक्टर्स कृपया ध्यान दें......चेक (Cheque) को चेक (Check) कर लें!!

आजकल धोखेबाज़ों की तादाद बहुत बढ़ गई है। काम दिलाने के ऐसे-ऐसे नए टोटके ले-लेकर आते हैं कि एक्टिंग को लेकर उतावले हुए जा रहे लोग

आसानी से अपनी जेबें ढीली कर बैठते हैं।

यहाँ उतावले एक्टर्स से मेरा तात्पर्य उन नए लोगों से है जिनके लिए एक्टिंग का मतलब है जैसे-तैसे, ले-देके, जोड़-तोड़ के, दंद-फंद, सब कर के छोटे या बड़े पर्दे पर दिख जाना।

मेरी एक बहुत पुरानी स्टूडेन्ट है। काफ़ी पहले एक्टिंग करने मुम्बई आई थी। बहुत दिनों बाद मिलीं तो हाल-चाल जानने के बाद उसने बताया कि वो एक्टिंग को अलविदा कह चुकी हैं और पापा के बिज़नेस में हाथ बँटा रही है। पूछने पर बताया कि एक फ़िल्म के लिए उसे सिलेक्ट कर लिया गया था। लीड रोल में। उसका बाक़ायदा कॉन्ट्रेक्ट भी बना। कॉन्ट्रेक्ट साइन करने के बाद उसे 2 लाख रुपए का चेक दिया गया,

जिसे पाकर वो फूली नहीं समाई। चेक भुनाने की डेट 3 महीने बाद की थी। इसके बाद वे लोग बोले कि लोकेशन देखने मुम्बई से बाहर जाना है और उसे भी साथ जाना ज़रूरी है। उसने अपनी एक फ्रेण्ड को साथ ले लिया। वहाँ उसे कहा गया कि प्रोजेक्ट में कुछ बजट कम पड़ गया है। कुछ पैसे उससे भी देने को कहा

गया तो उसने 50 हज़ार रुपए दे दिए। उसकी सहेली को भी इस दौरान फुसलाया गया कि वो सेकण्ड लीड रोल कर सकती है। वो तैयार हो गई।

उससे भी एक लाख रुपए ये कहकर ले लिए कि बाद में लौटा देंगे। वहाँ से मुम्बई लौटने के बाद कुछ वक़्त ऐसे ही गुज़र गया। फिर फ़िल्म बनाने वाले वे लोग ग़ायब हो गए। उनके नम्बर बंद हो गए। उधर जब वो अपने चेक को लेकर बैंक पहुँची तो बताया गया कि इस नाम से तो कोई अकाउँट उस बैंक में है ही नहीं।

ये सुनकर उसके पैरों तले ज़मीन खिसक गई, क्योंकि इसी चेक के भरोसे वो और उसकी सहेली डेढ़ लाख रुपए दे चुके थे।बैंक के जवाब के बाद पता चला कि वो एक्टिंग के नाम पर ठगी का शिकार हो गई है। ऐसा आपके साथ भी हो सकता है। इसलिए ध्यान दें कि जब भी कोई चेक लें, जितना जल्दी हो सके उसकी सत्यता के बारे में बैंक जाकर अवश्य पता कर लें। सतर्क रहें। किसी को भी काम दिलाने के नाम पर पैसा न दें। पैसा लेने लेना है, देना नहीं। तभी तो लक्ष्मीजी आपके घर आएंगे।

नरेश पाँचाल, एक्टिंग कोच,
लोखंडवाला, अंधेरी वेस्ट, मुम्बई।

10.

सावधान...एकता कपूर के नाम से 7 लाख रुपए ठगे!

फिर एक नई एक्टर को ठग लिया गया। उसने वही ग़लती की जो कई नए एक्टर्स करते आ रहे हैं। पैसे देकर काम पाने की उतावली। यही उतावली भारी पड़ी। उसे बालाजी टेलिफ़िल्म्स के सीरियल में काम देने के नाम पर ठगा गया।

इस धोखेबाज़ ने फ़ेस बुक पर बालाजी टेलिफ़िल्म्स की ऑनर 'एकता कपूर' के नाम से एक फ़र्ज़ी अकाउंट बना रखा था। यह युवती अंधेरी (मुम्बई) में रहती थी।

धोखेबाज़ ने इसे फ्रेण्ड रिक्वेस्ट भेजी, जिसे युवती ने एक्सेप्ट कर लिया। फिर धोखेबाज़ ने उसे बालाजी टेलिफ़िल्म्स के एक नए सीरियल में काम देने का लालच दिया।

इसके बाद उस युवती ने उस धोखेबाज़ से फ़ेसबुक और फ़ोन पर बात भी की। धोखेबाज़ ने काम के लिए 7 लाख रुपए जमा कराने को कहा। अचरज की बात ये है कि उस युवती ने बिना उस व्यक्ति से मिले 7 लाख रुपए उसके अकाउंट में जमा करा दिए। युवती को ठगे जाने का पता तब चला जब वो करीब एक महीने बाद बालाजी टेलिफ़िल्म्स के ऑफ़िस गई।

वहाँ उसे बताया गया कि ऐसा कोई सीरियल वे नहीं बना रहे और Ekta Kapoor नाम का ये अकाउंट भी फ़र्ज़ी है। तब जाकर उसे ठगे जाने का अहसास हुआ। बाद में बालाजी टेलिफ़िल्म्स के

कर्मचारी प्रतीक संघवी ने बांद्रा-कुर्ला कॉम्पलेक्स साइबर पुलिस स्टेशन में 2 दिसम्बर 2015 को मामला दर्ज कराया। पुलिस ने धोखाधड़ी का मामला दर्ज कर जाँच शुरू की है।

सात लाख रुपए बहुत बड़ी रकम होती है। बिना उस व्यक्ति से मिले, बिना ऑफ़िस देखे और बिना जाँच-परख किए इतनी बड़ी रकम जमा करना दर्शाता है कि काम पाने के लिए नए एक्टर्स किस तरह आँखें बंद कर लेते हैं। जबकि आँखें खुली रखनी चाहिए। ऐसा आदमी आपको क्या काम देगा जो आपसे मिला ही नहीं।

मिला भी है तो जिसका कोई ऑफ़िस नहीं और चाय-कॉफ़ी की दुकानों पर बैठकर आपको काम दिलाने के रंगीन सपने बेच रहा है। ऐसे लोगों से बचिए।

एक्टर्स के साथ धोखाधड़ी के ऐसे कई मामले, आए दिन सामने आ रहे हैं। ज़्यादातर धोखेबाज़ी उन्हीं लोगों के साथ हो रही है, जो एक्टिंग सीखने और फिर ऑडिशन जैसी मशक्कत से बचने का रास्ता तलाशते हैं। इसे के लिए पैसे देकर काम पाना उन्हें आसान लगता है।

आए दिन ऐसे धोखेबाज़ कभी आर्टिस्ट कार्ड के नाम पर, कभी रजिस्ट्रेशन के नाम पर, कभी कॉन्ट्रैक्ट बनाने के नाम पर, कभी सिक्योरटी अमाउंट के नाम पर एक्टर्स को ठग रहे हैं। लाखों रूपए खुलेआम लूट रहे हैं। सावधान रहिए। सतर्क रहिए। अगर आप एक्टर हैं तो काम दिलाने के नाम पर कभी किसी को पैसे नहीं दें। आप पैसे लेने की बात करें।

नरेश पाँचाल, एक्टिंग कोच,
लोखंडवाला, अंधेरी वेस्ट, मुम्बई।

11.

एक्टर बनना है...एक्टर का शरीर कैसा हो?

कई लोगों ने मुझसे मेरे इन-बॉक्स में पूछा कि एक्टर का शरीर कैसा होना चाहिए? इसका बड़ा ही आसान सा जवाब है कि एक्टर का शरीर **स्वस्थ (Healthy)** और **लचीला (Flexible)** होना चाहिए। साथ ही चुस्ती-फुर्ती से भरपूर हो। बहुत ज़्यादा अकड़ा हुआ **(Rigid, Stiff)** और

उभरी हुई मांसपेशियों वाला **(Muscular)** शरीर एक्टर के रूप में आपकी संभावनाओं को सीमित कर देता है।

कसरती बदन है तो भी, एक्टर का शरीर अच्छी 'तैयार मिट्टी' जैसा लचीला होना चाहिए, जिसे कुम्हार जैसा चाहे वैसे ढाल देता है। (एक्टर की इस योग्यता का उपयोग करने वाला उसका डायरेक्टर होता है)

क्योंकि एक्टर को कई तरह के पात्र (Character) निभाने होते हैं। हर कैरेक्टर का शारीरिक गठन अलग तरह का होता है। इसीलिए एक्टर्स को उसी कैरेक्टर के अनुरूप अपना शरीर भी ढालना होता है। जैसे आमिर ख़ान का उदाहरण दिया जा सकता है।

उनका शरीर बेहद सामान्य है, लेकिन वो पात्र के अनुरूप अपने शरीर को ढाल लेते हैं। फ़िल्म 'गजनी' के लिए उन्होंने सिक्स पैक्स भी हासिल किए।

'दंगल' फ़िल्म में उनका किरदार पहलवान का था जिसके लिए उन्होंने वजन बढ़ाया। फिर इसी फ़िल्म की बाक़ी बची शूटिंग के लिए वापस घटाया भी। उनके इस जज़्बे और कार्य को लोगों ने ख़ूब सराहा। फ़िल्म ने 2000 करोड़ से अधिक की कमाई की, जो एक रिकॉर्ड है।

ध्यान रखिए कि एक्टर्स जब किसी फ़िल्म के लिए बॉडी बिल्डिंग करते हैं या सिक्स पैक्स बनाते हैं तो एक्सपर्ट की पूरी टीम उनके साथ काम करती है। शूटिंग के तुरंत बाद शरीर को वापस सामान्य करने की प्रक्रिया भी एक्सपर्ट की देख-रेख में ही होता है।

शरीर ऐसा ही होना चाहिए। जिसे ज़रूरत पड़ने पर,जैसा चाहे वैसा ढाला जा सके। हालाँकि ऐसा नहीं है कि बॉडी बिल्डिंग कोई आसान काम है। उसके लिए भी कड़ी मेहनत और समर्पण चाहिए। शुरुआत में छह महीने या सालभर लग सकता है। इसका फ़ायदा ये है कि एक्सरसाइज़ छूट भी जाए तो वापस ऐसी बॉडी बनाने में आपको ज़्यादा वक़्त नहीं देना होगा। संभवतः 15 से 30 दिन में ही वही शेप आ सकता है। कुल मिलाकर आप इस बात का ध्यान रखिए कि भले ही आप जिम जा रहे हों, लेकिन शरीर बहुत भारी-भरकम और मस्क्युलर बनाने के बजाय बीच का रखें, ताकि आप हर तरह के कैरेक्टर में शरीर को ढाल पाएं। एक्टर को शरीर में लचीलापन (Flexibility) लाने के साथ, सामान्य फ़िटनेस (General Fitness) पर ध्यान देना ज़्यादा ज़रूरी है।

नरेश पाँचाल, एक्टिंग कोच,
लोखंडवाला, अंधेरी वेस्ट, मुम्बई।

12.

एक्टर बनना है?...तन-मन का संतुलन व तालमेल बढ़ाएं!

बेझिझक होकर करें शारीरिक गतिविधियाँ

एक्टर का शरीर ही उसका **उपकरण (instrument)** होता है, जिसके माध्यम से वह अपनी कला को प्रदर्शित करता है। यानी एक्टर ख़ुद ही अपने इस उपकरण का संचालक (player) होता है। यही उपकरण उसकी सामग्री (material) भी है।

अब ज़रा सोचिए...अगर प्लेयर का अपने इंस्ट्रूमेन्ट के साथ तालमेल न हो,

तो क्या अच्छा सृजन संभव है? इसीलिए हर एक्टर का अपने शरीर पर पूरा नियंत्रण होना चाहिए। साथ ही शरीर ऐसा हो कि उसे किसी भी प्रकार से उपयोग लेना संभव हो।

तभी अधिकाधिक प्रकार के कैरेक्टर करने में आपको आसानी होगी। वरना आप एक ही तरह की एक्टिंग करते रहेंगे। कई नए एक्टर्स में अपने शरीर को लेकर बहुत संकोच होता है। वे शरीर के मामले में हरदम बेहद सतर्क रहते हैं और किसी भी तरह के मुक्त अंग संचालन को लेकर उनके भीतर बहुत शर्म और संकोच होता है। उन्हें ऐसा करना बड़ा ही अजीब (awkward) लगता है। इसी कारण वे खुल नहीं पाते।

उनकी झिझक बनी रहती है। शरीर के अंग संचालन की झिझक (awkwardness) उन्हें कुछ भी नया करने से रोके रखती है।

उन्हें यही चिंता सताती रहती है कि पता नहीं वे कैसे दिखेंगे? कैसे लगेंगे? कहीं कुछ अस्त-व्यस्त हो गए तो पता नहीं लोगों को कैसा लगेगा?

ये सब दिमाग़ी बंधन एक्टर को शारीरिक रूप से पूरी तरह खुलने नहीं देते।

इसीलिए शरीर को लेकर एक्टर्स के भीतर होने वाली इस झिझक (awkwardness) को दूर करना बहुत ज़रूरी है। कई प्रकार के अंग संचालन से शरीर में लचक तो बढ़ती ही है, एक्टर को यह भी अहसास होता है कि वह सिर्फ़ उतना भर नहीं है, जितना दिखता है।

उसे पता चलता है कि शरीर को विस्तार देने और उपयोग करने की संभावनाएँ अनन्त हैं। इन्हीं संभावनाओं की तलाश उसे दिमाग़ी तौर पर भी पूरी तरह खोल कर रख देती है। और सोच-विचार में भी एक लचीलापन आने लगता है। परिस्थिति के अनुरूप सहजता से ढल जाने का गुण विकसित होने लगता है जो हर एक्टर के लिए बहुत ज़रूरी है।

तो इस प्रकार की एक्सरसाइज़ेज़ से शरीर के साथ, ठस पड़े दिमाग़ की गाँठें भी एक-एक करके खुलने लगती है। तन-मन का संतुलन और तालमेल बढ़ने लगता है।

ऐसे एक्टर का मन और शरीर हरदम अभिनय के लिए तैयार और तत्पर रहता है। इस प्रकार के अभ्यासों की यही उपयोगिता और उद्देश्य है।

नरेश पाँचाल, एक्टिंग कोच,
लोखंडवाला, अंधेरी वेस्ट, मुम्बई।

13.

एक्टर बनना है?...पहले ख़ुद से प्यार करें! (Part-I)

मेरे इन-बॉक्स में ऐसे कई मैसेज होते हैं जिनमें कई लोग ख़ुद को कमतर आँकते हैं। ज़्यादातर ऐसे होते हैं जैसे-

"मेरा क़द (height) छोटा है...लोग मुझे चिढ़ाते हैं...क्या मैं एक्टर बन सकता हूँ?"

"मेरा रंग साँवला (dusky) है...मुझे शर्म आती है। क्या मैं एक्टर बन सकती हूँ?"

"मेरी नाक चपटी है......क्या मैं एक्टर बन सकती हूँ?"

"मैं मोटा हूँ......क्या मैं एक्टर बन सकता हूँ?"

ऐसी ही और भी कई व्यक्तिगत बातें होती हैं, जिनसे उनकी हीनभावना उजागर होती है। इस वजह से उनकी योग्यता, उनकी क़ाबिलियत, उनके कई गुण छुपे हुए रह जाते हैं और ऐसे लोग आगे नहीं बढ़ पाते।

जहाँ तक बात है एक्टर बनने की तो आप यह बात जान लीजिए कि हर व्यक्ति एक्टर बन सकता है। एक्टिंग कर सकता है। क्योंकि फ़िल्मों और सीरियल के कथानक हमारी ज़िंदगी से ही जुड़े होते हैं। जिस तरह आम ज़िंदगी में कई रंग-रूप और क़द-काठी के लोग हमारे इर्दगिर्द होते हैं, वैसे ही इन काल्पनिक कथाओं में भी होते हैं।

यानी आपकी कद-कीठी या रंग-रूप जैसा भी है, आपको उसी के अनुरूप काम मिल जाएगा। बशर्ते आप अच्छे एक्टर हैं। कितनी ही फ़िल्में आप देख लीजिए,

क्या फ़िल्हम का हर एक्टर

आपके बनाए ख़ूबसूरती के पैमाने पर खरा उतरता है?

जब ये सब एक्टर काम कर सकते हैं तो आप भी कर सकते हैं। लेकिन एक चीज़ जो ध्यान में रखनी होगी वो ये कि अगर आप किसी कैरेक्टर में फ़िट बैठते हैं तो ही आपको लिया जाएगा। अगर आप किसी एक फ़िल्म के ऑडिशन में फ़िट नहीं हैं तो इसका मतलब ये नहीं कि आपकी प्रतिभा को नकार दिया गया।

इसे अपना अपमान न समझें। प्रयास करेंगे तो आप किसी दूसरी जगह चुने जा सकते हैं। इसलिए ख़ुद को लेकर नकारात्मक बातें दिमाग़ में कभी न लाएं। हमारी इंडस्ट्री में कई ऐसे एक्टर हैं जिन्हें आप बहुत ख़ूबसूरत नहीं कह सकते, लेकिन उनकी गिनती उच्च स्तर के एक्टर्स में होती है। उनकी आंतरिक सुंदरता और योग्यता की आभा (Aura) इतनी प्रभावी है कि वे हमें ख़ूबसूरत लगते हैं।

अगर आप अपने रंग-रूप और क़द-काठी को लेकर ही ख़ुद को कोसते रहेंगे तो एक्टर बनना तो दूर अच्छे इंसान भी नहीं बन पाएंगे। जिन चीज़ों पर आपका ज़ोर नहीं है...

बार-बार उनके बारे में क्या सोचना?

भगवान ने जैसा भी आपको बनाया है, आप अद्भुत हैं...आप unique हैं...

आपके जैसा दूसरा कोई नहीं है।

आपको भगवान ने कुछ शक्तियाँ भी दी हैं, लेकिन चूंकि आप के भीतर हीनभावना घर कर गई है, इसलिए आप अपनी इन शक्तियों, अपनी इन ताक़तों को बारे में सोचते ही नहीं। ये कहीं दबी पड़ी हैं। मैं हतप्रभ रह जाता हूँ जब कुछ स्टूडेन्ट्स ख़ुद को

कोसते हुए ये तक कह देते हैं कि काश भगवान उन्हें किसी फ़िल्मी ख़ानदान में पैदा करते। या वे अमीर परिवार में क्यों पैदा नहीं हुए।

ऐसा सोचना सचमुच में बकवास है। जिन चीज़ों पर आपका ज़ोर नहीं है, और जो ऊपर वाले की मर्ज़ी है, उस बारे में सोच-सोच कर दिमाग़ ख़राब करने से आपकी ज़िंदगी और बुरी ही बनेगी।

इसके बजाय आप जो हैं, जैसे हैं उसे स्वीकार कीजिए और ख़ुद से प्यार करना शुरू कीजिए। अपने आपको समझना शुरू कीजिए। अपना ख़याल रखना शुरू कीजिए। ख़ुद को वक़्त देना शुरू कीजिए।

अपनी ख़ूबियों को समझकर उन्हें निखारने पर ध्यान दीजिए। फिर देखिए कैसे आपको दूसरे लोग भी प्यार करने लगेंगे। ज़रा सोचिए तो...जब आप किसी से प्यार करते हैं...

तो क्या होता है?

आप उसका ख़याल रखते हैं, उसकी देखभाल करते हैं, उसकी ज़रूरतों को समझते हैं, उसकी कमियों को नज़रअंदाज़ करते हैं, अच्छाइयों की तारीफ़ करते हैं, उसकी हर बात में ख़ुशी तलाशते हैं, उसके दुःख को अपना दुख समझते हैं।

ज़रा सोचिए...आप जब किसी से प्यार करते हैं तो दिन-रात सिर्फ़ उसी के बारे में कितना सोचते रहते हैं। कितनी मानसिक और भावनात्मक ऊर्जा आप उस व्यक्ति पर ख़र्च (Emotional Investment) करते हैं। ज़रा सोचिए...जब आप किसी से प्यार करते हैं,तो उसकी तरक़्क़ी के लिए कितने उत्साह के साथ प्रयासरत रहते हैं।

उसकी सफलता आपको अपनी सफलता लगती है। अगर आपका प्यार निःस्वार्थ है...सच्चा है...बिना किसी शर्त का है......तो आप आत्मिक रूप से उस इंसान से जुड़ जाते हैं। इसे Unconditional Love कहते हैं।

लेकिन क्या कभी आपको इतना प्यार ख़ुद से हुआ है? क्या आप ख़ुद से Unconditional Love करते हैं? क्या आप ख़ुद का

ख़याल भी इसी तरह रखते हैं? क्या आप ख़ुद की तरक़्क़ी के लिए भी उसी उत्साह के साथ काम करते हैं?

शायद नहीं। दरअसल हमें ख़ुद से प्यार करना किसी ने सिखाया ही नहीं। उल्टा होता है ये कि बचपन में कई लोगों ने जब-तब हमसे जो कहा, वो ही हमने सच मानकर दिमाग़ में बसा लिया।

"तुम बिल्कुल गधे हो"

"तुम बेवक़ूफ़ हो"

"पहले ख़ुद को देखो, तुम्हें कौन भाव देगा"

"तुम तो पनौती हो"

"तुम कोई काम ढंग से कर ही नहीं सकते"

"दूसरों को देखो, वे तुमसे कितने अच्छे हैं..."

बचपन में सुनी ऐसी ही और कई बातें हमारे कानों में ताउम्र गूँजती रहती है। हम ख़ुद को वैसे ही घटिया मानने लगते हैं, जैसा लोग हमसे कहते हैं। आपसे भी शायद किसी ने ऐसी ही बातें कही हों, लेकिन वास्तव में आप ऐसे नहीं हैं।

भगवान ने आपको भी वे तमाम शक्तियाँ दी हैं जो किसी भी मुश्किल को आसान कर सकने के लिए काफ़ी हैं।

जिन लोगों ने ऐसा कहा, आप देख लीजिए, वे आज कहाँ हैं?

ऐसे लोग जो सबको हीन समझते हैं और बेवजह दुत्कारते रहते हैं, ऐसे आपको आगे भी मिलते रहेंगे। इनको नज़रअंदाज़ कीजिए। अगर आप एक्टर बनना चाहते हैं तो सबसे पहले तो आप अपने आप को स्वीकार कीजिए।

यही ख़ुद से प्यार करना है।

आप जो हैं, जैसे हैं, जिन हालात में हैं, उन्हें स्वीकारिए। यही ख़ुद से प्यार करना है। चुनौतियों का स्वागत कीजिए, क्योंकि ये आपको निखरने का मौक़ा देती हैं। सफलता तक ले जाती हैं।

ख़ुद को कभी हीन मत समझिए। इसके बजाय अपनी भाषा को सुधारिए। उच्चारण साफ़ कीजिए। अपने स्वास्थ्य और शारीरिक चुस्ती-फुर्ती को बढ़ाइए। अपना व्यवहार मधुर बनाइए। अच्छा साहित्य पढ़िए और ख़ूब फ़िल्में देखिए।

जिस तरह हर क्षेत्र में करियर बनाने के रास्ते होते हैं, एक्टिंग के भी हैं, उन्हें तलाशिए।

अपने आपको शीशे (Mirror) में देखकर रोज़ाना आठ-दस बार कहिए कि आप ख़ुद से बेइंतहा प्यार करते हैं। कहिए "I Love Myself Unconditionally"...जब भी मौक़ा मिले कहते रहिए। फिर देखिए, कैसे आपके आसपास का नज़ारा बदलना शुरू होता है। कुछ और बातें अगली पोस्ट में।

आपका शुभाकांक्षी।

नरेश पाँचाल, एक्टिंग कोच,
लोखंडवाला, अंधेरी वेस्ट, मुम्बई।

14.

एक्टर बनना है?...पहले ख़ुद से प्यार करें (Part-II)

आज सुबह (25 अगस्त 2015) की चाय के साथ जब न्यूज़पेपर पढ़ रहा था, तो मेरी नज़र Bombay Times के एक फोटो पर गई।

वे रजनीकांत थे। सुपरस्टार रजनीकांत। मनमोहक मुस्कान के साथ। सिर पर कम बाल हैं और वे लगभग गंजे हैं। फ़िल्मों में विग पहन कर काम करते हैं। लेकिन आम ज़िंदगी (Real Life) में उन्होंने वैसा ही रंग-रूप रखा, जैसे वे हैं। कोई दिखावा या ढकोलसा नही, इसीलिए आज दुनिया उन्हें पूजती है।

वरना आजकल तो हेयर ट्रांसप्लान्ट भी होते हैं। कई लोग तमाम उम्र विग लगा-लगाकर ही गुज़ार देते हैं।लेकिन रजनीकांत सर ने विग नहीं लगाया। फिर भी वह सुपरस्टार हैं। उन्होंने ये स्वीकार किया है कि-हाँ...वे जैसे हैं वैसे हैं। यही ख़ुद को प्यार करना है। ओम पुरी के चेहरे के दाग़ देखे हैं?

पूरा चेहरा भरा हुआ है चेचक के दाग़ों से। लेकिन क्या ये दाग़ कभी उनकी एक्टिंग में आड़े आए?

क्योंकि उन्होंने अपने आप से प्यार किया कि-हाँ......वे जैसे हैं, वैसे हैं। उन्होंने एक्टिंग को चुनने में इसे कहीं अपनी कमज़ोरी नहीं समझा। यही ख़ुद को प्यार करना है।

नसीरूद्दीन शाह को आप कितना ख़ूबसूरत मानते हैं?

चॉकलेटी चेहरों के पैमाने पर वे कहीं ख़रे नहीं उतरते। लेकिन उनकी एक्टिंग की ऊँचाई को क्या ऐसे कई चॉकलेटी चेहरे वाले छू पाए हैं?

पंकज कपूर को देखिए। उनका चेहरा भी चिकना चुपड़ा नहीं है। लेकिन एक्टिंग क्या ग़ज़ब की करते हैं। शत्रुघ्न सिन्हा के चेहरे पर तो कट लगा हुआ है। लेकिन ये कट उनकी एक्टिंग में कहीं बाधा नहीं बना। रेखा जी को लीजिए।

उनकी ख़ूबसूरती का ज़िक्र करते हुए आज भी लोग नहीं अघाते। वे कितनी साँवली (Dusky) हैं। लेकिन उन्होंने एक्टिंग को चुना और ऊँचाइयाँ हासिल की। एक किस्सा मैंने सुना है। अपने शुरुआती दिनों में रेखा जी जब एक फ़िल्म के लिए चुनी गई और डायरेक्टर के घर बैठी थी।

तो डायरेक्टर की पत्नी ने उन्हें क्या समझा?

डायरेक्टर की पत्नी बोली कि-"बहुत दिनों से घर में बाई (Maid) नहीं थी, अच्छा किया जो बाई ले आए।"

सोचिए...रेखा जी ने क्या कभी साँवलेपन को आड़े आने दिया एक्टर बनने में। स्मिता पाटिल भी तो साँवली थी। लेकिन छोटे से सफ़र में भी कितना अच्छा यादगार काम करके गई हैं। आज भी हम उन्हें सम्मान से याद करते हैं। नवाज़ुद्दीन सिद्दीक़ी को ही लीजिए। वे भी तो चॉकलेटी बॉय नहीं है।लेकिन क्या ग़ज़ब के एक्टर हैं। मुख्य किरदार की फ़िल्में कर रहे हैं। 'माँझी-द माउंटेन मैन', 'कहानी', 'बदलापुर', 'गैंग्स ऑफ़ वसेपुर' आदि फ़िल्मों में उनकी प्रतिभा का जलवा सबके सर चढ़कर बोला है।

ह्रतिक रोशन के एक हाथ में छह उंगलियाँ हैं। वे चाहते तो इसे ऑपरेशन से हटवा भी सकते थे। लेकिन कभी कोई हीन भावना उन्होंने महसूस नहीं की। जैसे वे हैं उसे ही उन्होंने स्वीकार किया। इसे कहते हैं ख़ुद से प्यार करना। अनिल कपूर को ही लीजिए। छोटे से चौकोर चेहरे वाले...ऊपर से घनी मूँछें। इसके बाद भी उनकी एक्टिंग के सब दीवाने हैं। आज भी। प्रियंका चोपड़ा भी बहुत साँवली हैं।

लेकिन वे मिस वर्ल्ड भी बनीं और अपनी बेहतरीन एक्टिंग से सबका दिल जीत रही हैं। इसलिए अगर आप साँवले हैं तो इसे अपनी कमज़ोरी न समझें। दीपिका पादुकोण, लारा दत्ता (मिस युनिवर्स), चित्रांगदा सिंह, बिपाशा बसु, काजोल, मलाइका अरोरा ख़ान, रानी मुखर्जी, सुष्मिता सेन (मिस युनिवर्स), शिल्पा शेट्टी, कोंकणा सेन समेत कई एक्ट्रेस हैं जो साँवली हैं। क्या होता है उससे?

अमज़द ख़ान शुरू से ही मोटे थे। लेकिन क्या ये मोटापा उनकी एक्टिंग में कहीं आड़े आया?

उनकी एक्टिंग ही नहीं, बल्कि उनके मधुर व्यवहार को याद कर, आज भी इंडस्ट्री के लोगों की आँखें भर आती हैं। कई लोग अपने क़द (HEIGHT) को लेकर चिंतित रहते हैं। हीन भावना ग्रस्त हैं। लेकिन ज़रा नज़र डालिए। ऐसे कई एक्टर हैं, जिन्होंने छोटे क़द के बावजूद लोगों का दिल जीता। जैसे सलमान ख़ान (5.7 फ़ीट) और आमिर ख़ान (5.6 फ़ीट)।

यही नहीं बल्कि उन्होंने अपने से ऊँचे क़द की एक्ट्रेसेज़ के साथ भी पूरे आत्मविश्वास से काम किया। जैसे सलमान ख़ान ने सुष्मिता सेन (5.10) व कटरीना(5.8) के साथ काम किया। आमिर ख़ान ने भी कटरीना कैफ़ के साथ और शाहरूख ख़ान (5.8 फ़ीट) ने दीपिका पादुकोण (5.9) और अनुष्का शर्मा (5.9) के साथ काम किया। राजपाल यादव (5.3), जया बच्चन (5.2), रानी मुखर्जी (5.3), विद्या बालन (5.4), कोंकणा सेन (5.1) समेत कई एक्टर्स की हाइट भी छोटी है, लेकिन वे भी तो एक्टर हैं। जिसमें एक्टर बनने की हिम्मत है, बन सकता है। आप 'पीपली लाइव' के ओंकार दास को तो जानते ही हैं। साधारण शक्ल-सूरत है, लेकिन कितनी तारीफ़ मिली उन्हें।

नवाज़द्दीन सिद्दीक़ी का क़द साढ़े पाँच फ़ीट ही है। चेहरा-मोहरा भी कुछ ख़ास नहीं। फिर भी क्या उन्होंने एक्टर बनने का सपना सच नहीं कर दिखाया?

शाहिद कपूर, अरशद वारसी समेत कई एक्टर हैं जो छोटे क़द के हैं।लेकिन क्या वो एक्टर नहीं बने?

वो सब एक्टर इसलिए बनें, क्योंकि सबसे पहले उन्होंने अपने आप को स्वीकार किया। वे जैसे हैं उसे स्वीकार किया और इस बारे में चिंता करना छोड़ दिया। इसके बाद अपनी क़ाबिलियत को पहचाना और ख़ुद को निखारा। अगर आप अपनी क़ाबिलियत नहीं पहचान पा रहे तो किसी अनुभवी व्यक्ति की संगत में रहिए। उससे जानिए। हनुमान जी को भी तो उनकी शक्तियों को बारे में पता नहीं था।

उन्हें भी बताया ही गया था कि वे समुद्र लांघ कर जा सकते हैं। लाँघ गए। आपमें भी शक्तियाँ हैं। पता कीजिए। आपके व्यक्तित्व के कई और भी अच्छे पहलू होते हैं, जिन्हें समय रहते आप समझ लें तो फिर जीवन में तरक्क़ी पक्की है।

नहीं पहचानेंगे तो वैसे ही रहेंगे जैसे आप हैं। क़ाबिलियत सबमें है, लेकिन फ़र्क इस चीज़ से पड़ता है कि उसे पहचानकर कौन उसे किस तरह काम लेता है। मेरा तो आप से यही कहना है कि ज़िंदगी भर अपने आपको कोसते हुए मत गुज़ारिए। आपको भी भगवान ने ही बनाया है, और भगवान कोई भी फ़ालतू चीज़ क्यों बनाएगा?

आप गए गुज़रे नहीं हैं। दूसरे एक्टर्स से प्रेरणा लीजिए, जिन्होंने तमाम मुश्किलों को बाद भी अपनी राह चुनी और मंज़िल को हासिल किया। सिर्फ़ अपने आप से सच्चे दिल से कहिए-"I love myself unconditionally"

"मैं अपने आप से बहुत प्यार करता हूँ।"

नरेश पाँचाल, एक्टिंग कोच,
लोखंडवाला, अंधेरी वेस्ट, मुम्बई,
मोबाइल नम्बर 9820865844

15.

एक्टर बनना है?...एकाग्रता बढ़ाइए!

एकाग्रता यानी मन को एकाग्र करना। दिमाग़ी हलचल को शांत कर के किसी एक बात पर ध्यान देना। इसे ही कॉन्सनट्रेशन (Concentration) या फ़ोकस (Focus) कहते हैं। अगर आपने एकाग्रता का महत्व नहीं समझा तो मैं दावे से कह सकता हूँ कि आप एक्टर नहीं बन सकते। बिना एकाग्रता एक्टर बनना नामुमकिन है। एक्टर के रूप में आपकी सारी क्रियाशीलता एकाग्रता से ही संभव है। अगर आप नहीं समझ पाए तो लीजिए, बहुत ही आसान उदाहरणों से इसे मैं आपको समझाता हूँ।

एक्टर के रूप में जैसे ही आप काम करना शुरू करते हैं, पहली चुनौती आती है, स्क्रिप्ट याद करने की। सेट पर पहुँचते ही लम्बा-चौड़ा स्क्रिप्ट आपको पकड़ा दिया जाता है। अब इसे याद करना है। समय की भी पाबंदी है। आप यहाँ समय की मांग नहीं कर सकते। बहुत कम समय में आपको इसे अक्षरशः याद करना है। इस दौरान आपके ध्यान को भंग करने वाली तमाम चीज़ें आपके आस-पास होती रहेंगी। जैसे मैकअप करना, ड्रेस पहनना। दूसरे आर्टिस्ट्स की हलचल और बातचीत। नए आर्टिस्ट को तो कई बार वैनिटी वैन मिलती ही नहीं है। अगर मिल गई तो एक वैन में ही तीन-चार आर्टिस्ट होते हैं। फिर उनका भी वहीं पर मैक-अप चल रहा है और कॉस्ट्यूम वाले आ-जा रहे हैं। चाय-पानी के साथ बातों की चाँयं-चाँयं भी चलती रहती है। ऐसे माहौल में आपको स्क्रिप्ट तभी याद हो सकेगा, जब आप अपने मन को एकाग्र करना सीख लेंगे। अगर

आप फ़ोकस नहीं कर पा रहे हैं तो याद नहीं कर पाएंगे। जैसे-तैसे याद कर लेंगे तो जान में जान आएगी। उधर सेट से बुलावा आ जाएगा-"आपका शॉट तैयार है...चलिए।" धुकधुकी शुरू हो जाती है। सेट पर कैमरे के सामने पहुँच तो गए, लेकिन मन पर क़ाबू नहीं कर पा रहे। मन भाग रहा है, डर रहा है। वहाँ डायरेक्टर ने कुछ ब्लॉकिंग बता दी। उसी के अनुरूप चलना है, मुड़ना है, बोलना है। तो डायरेक्टर के बताए ये सारे मूवमेन्ट्स भी याद रखने हैं। फिर वहाँ भी सामने भीड़ होती है। चमचमाती लाइट्स भी। इस माहौल में आपकी एकाग्रता ही है जो आपको हिम्मत बंधाती है। एकाग्रता ही है जिसके दम पर आपका शॉट सही जा सकता है। वरना या तो लाइन्स याद नहीं आएंगी। लाइंस याद आएंगी तो ब्लॉकिंग भूल जाएंगे। या फिर उपयुक्त भाव पैदा ही नहीं होंगे। एक्सप्रेशन के बजाय सिर्फ़ लाइन्स बोलने की खानापूर्ति ही हो पाएगी।

आप वहाँ ज़रा ग़ौर से देखिए। अवलोकन (Observe) कीजिए। जो अनुभवी एक्टर अच्छी एक्टिंग कर रहे हैं, उनकी एकाग्रता कितनी अच्छी है। कैसे वे सहजता से डायलॉग बोल रहे हैं। कैसे डायरेक्टर के निर्देशों का बख़ूबी पालन कर रहे हैं।

कई बार शूटिंग आउटडोर होती है। कहीं बाहर सड़क पर या किसी मैदान या बाज़ार में सेट लगा होता है। रीयल लोकेशन पर। वहाँ काफ़ी भीड़ इकट्ठी हो जाती है। ये भीड़ है, शोरशराबा भी करती है और कमेन्ट भी। आप शूटिंग कर रहे हैं। इनका आप कुछ नहीं कर सकते। अगर आप उनके कमेन्ट्स पर ध्यान देने लगे तो आपका शूट बिगड़ना तय है। कई बार वाहन भी आ-जा रहे होते हैं, आपको इसी माहौल में एक्टिंग करना है। यहाँ भी एकाग्रता ही आपकी सबसे बड़ी मददगार बनकर साथ देगी। अगर आप मन को एकाग्र नहीं कर पा रहे तो फिर एक्टिंग असंभव है। कई एक्टर जो थिएटर करते हैं, वहाँ देखिए। उन्हें दो-ढाई घंटे का नाटक करना होता है। कब, कौनसी लाइन पर कहाँ जाकर क्या बोलना है, उन्हें एक-एक मूवमेन्ट और लाइन याद रखनी होती है। ज़रा भी एकाग्रता हटी, दुर्घटना घटी। यानी उनका नाटक बिगड़ा।

लेकिन ऐसा नहीं होता। एकाग्रता की वजह से ही उन्हें दो-ढाई घंटे का स्क्रिप्ट और अपना हर मूवमेन्ट याद रहता है।

एक एक्टर के रूप में आपको क्या-क्या करना है, ये सब याद रखने के लिए आपको एकाग्रता बढ़ाना ही होगा। अगर आपमें एकाग्रता नहीं है तो एक्टर बनना मुश्किल ही नहीं नामुमकिन है।

आप अनुभवी एक्टर्स के काम को ग़ौर से देखना शुरू कीजिए। आप भी ऐसा ही कर पाएंगे, लेकिन तब जब आप एकाग्रता पर ध्यान देंगे। एकाग्रता अभ्यास की चीज़ है। इसे हासिल किया जा सकता है। कुछ आसन, कुछ क्रियाएँ, ध्यान (meditation) आदि आपकी एकाग्रता बढ़ाने में बहुत मदद करते हैं। एकपादासन बहुत प्रभावशाली है, कम से कम 5 मिनट तक रोज़ाना इसे कीजिए। फिर चमत्कार देखिए। आपका शुभेच्छु।

नरेश पाँचाल, एक्टिंग कोच,
लोखंडवाला, अंधेरी वेस्ट, मुम्बई।

16.

एक्टर बनना है?...तो धोखेबाज़ों से बचने का ये मंत्र रटें!

एक्टर बनने की राह में कई धोखे हैं। क़दम-क़दम पर लुटेरे घात लगाकर बैठे हैं। लूटने को तैयार हैं। नए-नवेले एक्टर्स को देखते ही इनकी लार टपकने लगती है। इन बहेलियों के पास कई तरह के जाल रहते हैं। बस...एक बार पंछी यानी आप इनकी नज़र में आ जाए। फिर तो किसी न किसी तरह से ये आपको फाँस ही लेंगे।

आपकी जेब ढीली करते ही ये रफ़ूचक्कर। कभी आर्टिस्ट कार्ड के नाम पर। कभी टीवी सीरियल में काम दिलाने के नाम पर। कभी ऑडिनशन के नाम पर। कभी रजिस्ट्रेशन के नाम पर। कभी झूठा ऑडिशन लेकर, आपको ज़लील करके आपको एक्टिंग सिखाने के नाम पर। कभी पोर्टफ़ोलियो के नाम पर। तो कभी रियलिटी शो में काम दिलाने के नाम पर। या किसी भी तरह की इवेंट के नाम पर आपसे पैसे हड़पने की कोशिश की जाती है।

और भी कई तरह के चुग्गे हैं। ज़रा सा भी ललचाए, तो फँसे। मेरे फ़ेसबुक पेज पर ही कई एक्टर्स अपना दुखड़ा बता चुके हैं, कि किस तरह उनसे हज़ारों रुपए ठग लिए गए। ऐसे ही एक एक्टर ने मेरी एक पोस्ट के कमेन्ट में बताया कि आर्टिस्ट कार्ड बनाने के नाम पर

उससे 1 लाख 40 हज़ार रुपए ले लिए। कार्ड भी नहीं बनाया। उससे ये मोटी रकम 'जूनियर आर्टिस्ट' का कार्ड बनाने के नाम

पर ली गई। जबकि उसे पता भी नहीं कि 'जूनियर आर्टिस्ट' क्या होता है?

ऐसे झाँसेबाज़ों से बचने का एक मंत्र है। उसे हमेशा रटते रहेंगे तो आप लुटने से बचते रहेंगे। मंत्र इतना आसान है कि आप इसे आसानी से जप सकेंगे। इतना आसान है कि आपको भी आश्चर्य होगा, कि आप ऐसा क्यों नहीं सोचते थे। मंत्र ये है-"पैसा देना नहीं, लेना है" जी हाँ, यही मंत्र है। अब मतलब समझिए।

पहले तो इस बात को समझ लीजिए कि प्रोड्यूसर्स को, डायरेक्टर्स को अच्छे क़ाबिल एक्टर्स चाहिए होते हैं। इस मामले में इंडस्ट्री समझौता नहीं करती। जान-पहचान या रिश्तेदारी केवल उस जगह काम आ सकती है, जहाँ एक कैरेक्टर के लिए तीन-चार विकल्प हों। अन्यथा नहीं। तो जिसे भी चुना जाएगा, उसे प्रोडक्शन हाउस की ओर से पैसा दिया जाता है। पैसा लिया नहीं जाता।

ये एक्टर का अधिकार भी है। याद रखिए। हर एक्टर को काम करने के पैसे मिलते हैं। उसे देना नहीं पड़ता। जब भी कोई कहीं भी पैसे माँगे, इस मंत्र को याद कीजिए कि मुझे **पैसा देना नहीं, लेना है"**

ये बात आप पैसे मांगने वाले से भी कह सकते हैं, कि आप पैसे लेकर काम करते हैं, देकर नहीं। याद रखिए...फ़र्ज़ी लोग ही पैसे मांगते हैं...ऑडिशन से लेकर काम दिलाने तक के। एक्टिंग में रिश्वत भी नहीं चलती। यहाँ क़ाबिलियत चलती है।

इसीलिए इस तरह की ठगी के शिकार ज़्यादातर वे ही एक्टर होते हैं, जिन्हें ख़ुद की क़ाबिलियत पर भरोसा नहीं होता। या जो क़ाबिल ही नहीं हैं। वे पैसे देकर ही काम पा लेना चाहते हैं, भले ही उन्हें ढंग से हिन्दी भी बोलना नहीं आता हो। पैसे दे देकर वे काम की आस किए बैठे रहते हैं, और झाँसेबाज़ उन्हें सब्ज़बाग़ दिखाकर अपना उल्लू सीधा करते रहते हैं। पैसे कहीं मत दीजिए। पैसे लेने की सोचिए। याद रखिए, जो एक्टर जितना क़ाबिल होता है, उसे उतने ही ज़्यादा पैसे मिलते हैं।

फ़ैसला आपका ही है। आपको झाँसेबाज़ो का शिकार बनना है या क़ाबिल बनना है।

यहाँ एक बात आप जान लीजिए कि कुछ कास्टिंग एजेंसीज़ भी होती हैं। ये एजेंसीज़ आपको ऑडिशन को बारे में जानकारी देने के लिए 2 से 4 हज़ार रुपए (लगभग) सालाना लेती हैं। (हालाँकि आजकल एजेंसीज़ की भूमिका सिमट गई है। कुछ पुरानी एजेंसीज़ तो बंद भी हो गई है, क्योंकि व्हाट्सऐप और फ़ेसबुक से आजकल ऑडिशन की जानकारी मिलना बहुत आसान हो गया है। लेकिन उतना ही ख़तरनाक भी, क्योंकि फ़ेक ऑडिशन भी ख़ूब होने लगे हैं। झूठे ऑडिशन लेकर लोगों को बेवकूफ़ बनाया जाता है।)

अब एजेंसी अच्छी है या बुरी, इसके लिए आप उस एजेंसी के ऑफ़िस ज़रूर जाइए। अगर अच्छा ऑफ़िस है। अच्छा ट्रैक रिकॉर्ड है, तो आप वहाँ रजिस्ट्रेशन करा सकते हैं।

कोई भी शख्श अगर चाय-कॉफ़ी की दुकान पर बुलाकर एजेंसी चलाने की बात कहे और पैसे मांगे तो कभी न दें। जिस आदमी के पास ख़ुद के बैठने का कोई ठिकाना नहीं, वो क्या काम देगा। तो हमेशा सतर्क रहिए। याद रखिए मंत्र-**"पैसा देना नहीं, लेना है"**

अगर आप इस पर अमल करते रहे तो लुटने से तो बचेंगे ही, आपको पैसे भी मिलने लगेंगे। क्योंकि आपका दिल और दिमाग़ पैसे को आकर्षित कर रहा है-**"पैसा देना नहीं, लेना है"** आपकी तरक्क़ी के लिए मेरी शुभकामनाएं।

**नरेश पाँचाल, एक्टिंग कोच,
लोखंडवाला, अंधेरी वेस्ट, मुम्बई।**

17.

एक्टर बनना?...आग का दरिया है, डूब के जाना है!

ये सवाल बहुत ज़्यादा पूछा जाता है। मेरे इनबॉक्स में और मेरी पोस्ट में भी कई लोग मुझसे यही पूछते हैं। एक्टर बनना है...कुछ समझ नहीं आ रहा कि क्या करें? कई लोग दूर-दराज़ के इलाकों में रहते हैं या छोटे शहरों में रहते हैं। उन्हें भी कोई रास्ता नहीं दिखता।

सबसे पहले तो मैं यही कहूँगा कि रास्ता आसान नहीं है। पग-पग पर आपका इम्तिहान होगा और ये किसी नौकरी की तरह भी नहीं है कि आपको एक बार कहीं काम मिल गया तो, काम के बदले हर महीने की पगार तो पक्की। बहुत कठिन रास्ता है। इसे कुछ आसान करना है तो सोच-समझकर धीरे-धीरे क़दम बढ़ाते जाइए, योजना बनाकर काम कीजिए और इच्छा शक्ति मज़बूत रखिए। जो हिम्मत करता है, भाग्य उसका भी साथ देता है। तब जाकर आप ख़ुद को साबित कर पाएंगे।

मैं सबसे यही कहता हूँ कि अगर हो सके तो किसी नाट्य मंडल या Theatre Group से जुड़ जाएं। ये मत समझिए कि वहाँ जाते ही लोग आपको हाथों-हाथ लेंगे और नाटक में कोई पात्र निभाने के लिए दे देंगे। नाट्य निर्देशक सबसे पहले तो आपके अनुशासन और धैर्य की परीक्षा लेंगे। आपके मानस को टटोलेंगे कि आप एक्टिंग की चकाचौंध से प्रभावित (Glamour Stuck) हैं या सच में अभिनय के प्रति आपका समर्पण और लगाव है। आपका

व्यवहार कैसा है और आप में टीम भावना है या नहीं। आप किस तरह की बातों में रुचि रखते हैं...वगैरह...वगैरह...। कुल मिलाकर आपकी पूरे व्यक्तित्व स्कैन होता रहेगा। आपको परखने के लिए वहाँ के सीनियर आर्टिस्ट और निर्देशक कुछ वक़्त लेंगे। आपको वहाँ स्टेज की सफ़ाई भी करनी पड़ सकती है। पोस्टर चिपकाने से लेकर सेट लगाने समेत कई कामों में मदद भी करनी पड़ेगी। आपने ये काम श्रद्धापूर्वक किया और अगर सब-कुछ ठीक रहा, तभी जाकर आपको नाटक में, कोई पात्र निभाने के लिए मिल सकता है। अगर आपका विद्यार्थी वाला दृष्टिकोण रहा तो इस दौरान आपको नाटक के आधारभूत सिद्धान्तों से लेकर अभिनय के संस्कार सीखने-समझने को मिलेंगे। वहाँ कलाकारों के साथ उठने-बैठने और उनका अभ्यास (Rehearsal) देखकर, बहुत कुछ सीखने को मिलेगा। नाटक, नाट्य या रंगकर्म की बारीकियाँ जानने को मिलेंगी। धीरे-धीरे अभिनय की समझ आने लगेगी और वक़्त के साथ आप अच्छे अभिनेता बन जाएंगे। फिर आपको भी मुख्य पात्र निभाने को मिल सकेंगे। लेकिन मैंने पहले ही कहा कि इतना धैर्य आप में होना चाहिए।

दिल्ली के कई स्टूडेन्ट्स ने मुझसे जब पूछा और मैंने उन्हें NSD (नैशनल स्कूल ऑफ़ ड्रामा, नई दिल्ली) के बारे में बताया तो वे चौंक गए। उन्होंने बताया कि उन्हें इसके बारे में पहले से कुछ पता ही नहीं था।

यहाँ (NSD में) नाट्य कला का प्रशिक्षण दिया जाता है। अगर वहाँ प्रवेश की आवश्यक ज़रूरतें आप पूरा नहीं कर पा रहे हैं तो महाराष्ट्र स्थित FTII (फ़िल्म एण्ड टेलिविज़न इंस्टीट्यूट ऑफ़ इंडिया, पुणे) में प्रवेश लें। जैसा कि नाम से ही ज़ाहिर है, कि यहाँ फ़िल्म और टेलिविज़न में एक्टिंग करने का प्रशिक्षण दिया जाता है। इन दोनों संस्थानों में प्रवेश नहीं होने की स्थिति में, या अगर आप में इतना धैर्य नहीं है, तो फिर किसी एक्टिंग स्कूल में दाखिला ले लीजिए। (आप मेरी एक्टिंग क्लासेज़ से भी कोर्स कर सकते हैं। यह कोर्स बहुत ही प्रभावशाली और बेहतरीन है।)

काम के ज़्यादा अवसर मुम्बई में ही हैं, इसलिए मुम्बई में प्रशिक्षण लेना बेहतर है।

अब बात रही उन लोगों की जो कहीं भी प्रशिक्षण के लिए नहीं आ जा सकते, फिर भी एक्टिंग का शौक़ रखते हैं। उनसे मेरा यही कहना है कि ये सारी दुनिया आपका एक्टिंग स्कूल है। यहाँ लोगों को देखिए, फ़िल्में देखिए, अभिनेताओं के बारे में पढ़िए, ख़ुद अपने स्तर पर सामाजिक विषयों को लेकर नुक्कड़ नाटक शुरू कीजिए। धीरे-धीरे आपका अभिनय निखरता जाएगा और संतुष्टि भी मिलने लगेगी। कुछ और बातें अगली पोस्ट में।

नरेश पाँचाल, एक्टिंग कोच,
लोखंडवाला, अंधेरी वेस्ट, मुम्बई।

18.

क्या एक्टर जन्मजात होते हैं?

एक पोस्ट में कुछ लोग बहस कर रहे थे। कुछ कह रहे थे कि "कोई किसी को एक्टिंग सिखा नहीं सकता...लोग जन्मजात एक्टर होते हैं।" जबकि दूसरे पक्ष का कहना था कि "एक्टिंग सीखनी पड़ती है।" मैं इस बहस में नहीं पड़ना चाहता, क्योंकि जब भी आप किसी बहस में भाग लेते हैं, नुकसान आपका ही होता है...क्योंकि आप अपनी शांति और दोस्ती, दोनों खो देते हैं। यहाँ मैं सिर्फ़ अपने कुछ विचार रखना चाहता हूँ।

मेरा मानना है कि दुनिया का हर आदमी जन्मज़ात एक्टर है। लेकिन फ़िल्मों में या सीरियल में काम करने के लिए एक्टर नहीं, प्रोफ़ेशनल एक्टर चाहिए, जो कम समय में अधिक काम निकाल सकें। इसलिए काम सीखना ही पड़ेगा। जीवन की एक्टिंग आपको सच्चाई से दूर ले जाती है, लेकिन फ़िल्मों की एक्टिंग में आप सच्चाई के जितने क़रीब जाएंगे, उतने ही अच्छे एक्टर कहलाएंगे। इसलिए ख़ुद को जन्मज़ात एक्टर समझने भर से कुछ नहीं होने वाला।

आप ख़ुद सोचिए...जन्म से कोई भी, कुछ बनकर पैदा नहीं होता। न कोई डॉक्टर पैदा होता है, न इंजीनियर, न नेता, न लुटेरा, न हेयर ड्रेसर, न हलवाई और न ही एक्टर। समाज, परिवार के हालात और इन सबसे बढ़कर सम्बंधित व्यक्ति की दृढ़ इच्छा शक्ति वो महत्वपूर्ण पहलू हैं, जिनसे कोई व्यक्ति कुछ बनता है। कुछ तो कारण होता ही है कि कोई चाहकर भी नहीं बन पाता,

दूसरा न चाहते हुए भी बन जाता है। इसी तरह एक्टर बनना रुचि, दृढ़ इच्छा शक्ति, जुनून, पुरुषार्थ और अवसरों को भुनाने की क्षमता पर निर्भर करता है।

दरअसल एक्टिंग को लोग बहुत हल्के में लेते हैं। जैसे अगर किसी ने डॉक्टर बनने का सोचा, तो वो उसके लिए मेडिकल प्रवेश परीक्षा की तैयारी करेगा और चयन के बाद कुछ साल डाक्टरी सीखने में लगाएगा। कोई इंजीनियर, चार्टर्ड अकाउंटेंट, सिनेमेटोग्राफ़र, फ़ैशन डिज़ाइनर में करियर की सोचता है तो सबसे पहले यही प्लानिंग करेगा कि सीखने के लिए क्या करना है। यहाँ तक कि हुनरवाले काम जैसे कुकिंग, कटिंग, बढ़ईगिरी, टेलरिंग, मैकेनिक, खेती-किसानी, दुकानदारी आदी के लिए भी सीखने पर सबको ज़ोर देना ही पड़ेगा।

लेकिन अफ़सोस यही है कि एक्टर बनने का "सोचते ही" सब एक्टर बन जाते हैं।......जी सिर्फ़ "सोचते ही"......क्योंकि उन्होंने "एक्टर बनने का सोच लिया है" इसलिए वो एक्टर हैं और उन्हें सीधा किसी फ़िल्म या सीरियल में काम चाहिए। ये जन्मज़ात एक्टर पैदा होने वाली सोच है। लेकिन सच कहूँ, ऐसे ही लोग सबसे ज़्यादा लुटते हैं, क्योंकि वे ख़ुद को 'हीरो' समझते हैं और बस यही गुमान रखते हैं कि किसी डायरेक्टर की उन पर नज़र पड़ेगी और उन्हें काम दे देगा। ये सीधा-सीधा "मुंगेरी लाल का हसीन सपना" है। ज़रा सोचिए...आपके पास जन्मजात पैर हैं और दौड़ना आपकी जन्मजात क्षमता है...फिर क्यों आप दौड़ने में मेडल नहीं जीतते? आपको नदी-तालाब में तैरना आता है...फिर क्यों आपने ओलम्पिक में जाने का नहीं सोचा? आपके पास दो-दो हाथ जन्म से हैं...फिर क्यों आप मुक्केबाज़ नहीं बने? आपको भगवान ने जन्म से गला दिया है...फिर क्यों आप गायक नहीं बने? आनुवांशिक (Genetic) गुण भी तभी काम आ सकते हैं जब बाक़ायदा तालीम ली जाए। कुछ भी बनने के लिए आपको उस पेशे या कला से सम्बंधित बारीकियाँ और तकनीक सीखनी ही होगी, तब जाकर आप संवर पाएंगे और काम करने लायक हो पाएंगे। जैसे गला जन्मज़ात होने

से ही कोई गायक नहीं बन जाता। किशोर कुमार, सोनू निगम या श्रेया घोषाल के गाने सुन-सुन कर ज़रूर गा सकता है, लेकिन अगर उसे गायक ही बनना है, फ़िल्मों में गाना है तो संगीत सीखना ही होगा। वरना म्यूज़िक डायरेक्टर कहेगा कि "यहाँ कोमल रिषभ लगाओ...आपका शुद्ध लग रहा है।" या "आप यहाँ तीव्र मध्यम लगाइए...कोमल निषाद लग रहा है, शुद्ध लगाओ..." अनाड़ी इस बात को नहीं समझ पाएगा। बगलें झाँकेगा। संगीत नहीं सीखेगा तो अच्छा फ़िल्मी गायक नहीं बनन सकता। लोकगीत भले ही गाता रहे। स्टूडियो में गाना भी सीखना पड़ता है। यूँ तो गाने को तो आजकल सलमान ख़ान, परिणीती चोपड़ा भी गा रहे हैं। लेकिन उन्हें गायक नहीं कहा जा सकता। इसी तरह डायरेक्टर कई बार अनाड़ी लोगों से भी एक्टिंग का काम करा लेते हैं। लेकिन इसका मतलब नहीं कि वे लोग एक्टर बन गए। आजकल शूटिंग का ख़र्च बहुत बढ़ गया है। आपका एक भी रीटेक फ़िल्म की लागत बढ़ा देता है। इसलिए शूटिंग के दौरान कोई भी आपको ग़लती कर-कर के सीखने का मौक़ा नहीं दे सकता। वहाँ प्रोफ़ेशनल एक्टर चाहिए, जो डायरेक्टर की मरज़ी के मुताबिक तुरंत काम कर दें।

इसीलिए अब सिर्फ़ एक्टर नहीं, बल्कि प्रोफ़ेशनल एक्टर्स की ज़रूरत है, जो सेट पर अपना काम भली-भाँति करना जानते हैं। इसके लिए आपको अपनी भाषा और अपनी आवाज़ पर काम करना होगा। अपने शरीर को चुस्त-फुर्त और लचीला (Flexible) बनाने पर काम करना होगा। कैरेक्टर की आवश्यकता के अनुरूप भावनाओं (Emotions) को सच्चाई से पेश करना सीखना होगा। कैमरे के लिए एक्टिंग कैसे की जाती है, ये सीखना होगा। किस तरह हर इमोशन को आसानी से पेश किया जा सके, किस तरह उस कैरेक्टर में उतरकर उसके साथ एकाकार हुआ जा सके, किस तरह लम्बे-चौड़े स्क्रिप्ट को याद किया जाएं, किस तरह शूटिंग के दौरान ब्लॉकिंग और साथी कलाकारों का ध्यान रखना है...आदि बातें सीधे सेट पर अब कोई नहीं सिखाएगा। डायरेक्टर सिर्फ़ डायरेक्टर होते हैं, वे ट्रेनर नहीं होते। वे अपना काम अनाड़ी से भी निकलवा सकते हैं, लेकिन वे आपको सेट पर ट्रेनिंग नहीं देने बैठेंगे। आप

इस भरोसे मत रहिए। आपको कैसा एक्टर बनना है-जिससे काम निकलवाना पड़े, या जो चुटकी में काम निकाल दे। प्रोफ़ेशनल बनना है तो आपको पहले से ही तैयारी करनी होगी।

आजकल तो कई जगह सेट भी नहीं होते, सबकुछ क्रोमा के सामने शूट होता है, ऐसे में जन्मजात एक्टर कैसे इस नई तकनीक के साथ तालमेल बैठा सकता है? उसे सीखना हो पड़ेगा ही, भले ही कहीं से भी सीखे। सोचिए...सोचिए......।

**नरेश पाँचाल, एक्टिंग कोच,
लोखंडवाला, अंधेरी वेस्ट, मुम्बई।**

19.

एक्टिंग आपकी मेरिट लिस्ट में कहाँ पर है?

(आज की बात ख़ासतौर से उन लोगों के लिए है जो एक्टर बनने मुम्बई आए हैं)। मेरा पिछले 10 साल का अनुभव रहा है कि एक्टर बनने के लिए मुम्बई में बाहर से आने वाले ज़्यादातर लोग यहाँ टिक नहीं पाते। कुछेक लोग ही ऐसे होते हैं जो डटे रहते हैं और एक दिन छोटे या बड़े पर्दे पर चमक उठते हैं। वजह क्या है? मेरे अनुभव के आधार पर मैं कुछ बातें आपको बताना चाह रहा हूँ। इनके अलावा भी कई वजहें हो सकती हैं जो शायद आप बेहतर जानते हों।

सबसे पहली बात तो यह है कि मुम्बई आने के बाद जैसे ही यहाँ के रास्ते और मशहूर ठिकाने (Most Happening Places) मालूम होते हैं, ज़्यादातर वक़्त उन जगहों पर बीतने लगता है। जो स्टूडेन्ट्स मुम्बई आने से पहले गूगल पर बीसियों एक्टिंग स्कूल पर गहन छानबीन (Research) करके आते हैं। फिर यहाँ चुने हुए स्कूल में एडमिशन लेते हैं, वे भी इन आकर्षणों से बच नहीं पाते। शुरुआती एक महीने के दौरान ही अधिकतर स्टूडेन्ट्स का मन भटकना शुरू हो जाता है। नाइट क्लब, डिस्कोज़, डीजे पार्टीज़, नए यार-दोस्तों की महफ़िलें, मुम्बई का खुलापन, समंदर का किनारा (Beaches), कॉफ़ी शॉप्स की गपशप उन्हें भाने लगती है। वक़्त फ़ुर्र करके उड़ने लगता है और इसी रफ़्तार से उनका पैसा भी। एक्टिंग क्लासेज़ से बंक मारना शुरू हो जाता है। देर रात तक

पार्टी या समंदर में कथित मौज-मस्ती कर लेने के बाद अगर सुबह एक्टिंग स्कूल आ भी जाएँ तो उनकी हालत कुछ करने जैसी नहीं होती। कुछ करते भी हैं तो न उसमें मन लगता है, न एकाग्रता (Concentration) ला पाते हैं और न ही तन (Body) साथ देता है। वे भूल जाते हैं कि जब वे मुम्बई आने के लिए रवाना हुए थे तो अपने माता-पिता को क्या भरोसा देकर निकले थे। या ख़ुद से क्या उम्मीद लगाकर निकले थे। अपने दोस्तों से क्या कहकर आए थे। यही कि एक्टिंग उनका जुनून है और वे मुम्बई जा रहे हैं, अपना सपना सच करने। अपने घर और शहर से इस तरह विदाई लेकर आए थे जैसे कोई सैनिक सरहद पर जंग लड़ने जा रहा हो। लेकिन यहाँ आने के लगभग एक महीने बाद ही वे सारे वचन और प्रतिज्ञाएं उड़न छू हो जाते हैं। ठीक नए साल की शुरुआत में किए जाने वाले किसी प्रण (Resolution) की तरह।

अगर सबसे ज़रूरी कामों की सूची (Merit List) बनाई जाए, जहाँ वक़्त देना अतिआवश्यक हो जाता है तो उनमें शामिल हैं- 1. चाय-कॉफ़ी शॉप्स पर यार दोस्तों की गपशप, 2. मुम्बई में नए-नए बने गर्लफ्रेण्ड/ब्वायफ्रेण्ड, 3. WhatsApp, 4. Facebook, 5. दारू पार्टियाँ, 6. Discos, 7. Beaches, 8. टीवी पर बेवजह के प्रोग्राम्स, 9. Outing or Long drives, 10. आलस में घर पर सोए रहना।

इनके अलावा यार दोस्तों की आए दिन होने वाली बर्थडे पार्टियाँ और अन्य कार्यक्रम, Movie Theaters, Bars आदि जगहों पर भी काफ़ी समय गुज़रता है। आप ऊपर नज़र डालिए...इनमें एक्टिंग सीखने की महत्ता (Priority) कौनसे नम्बर पर है???......एक्टिंग क्लास बंक करने के बहाने शुरू हो जाते हैं। जैसे थोड़ी सी बरसात हो गई तो क्लास जाने की ज़हमत नहीं उठाते। फिर तो बहानों की लिस्ट लम्बी होने लगती है। एक्टिंग का सारा जुनून उतर जाता है। फिर एक्टिंग के लिए 'खट्टे अंगूर' जैसी बातें शुरू हो जाती हैं।

सिर्फ़ कुछेक दुर्लभ लोग या स्टूडेन्ट्स ही होते हैं जो इन सब चीज़ों के आकर्षण से बचे रहकर सीखने पर पूरा ध्यान लगा पाते

हैं और अपना 100% समर्पण दे पाते हैं। वही लोग आगे बढ़ पाते हैं। एक्टिंग क्लासेज़ ख़त्म हो जाने के बाद ऑडिशन के लिए जो प्रयास शुरू होते हैं, उनमें भी एक्टिंग के जुनून का हाल यही होता है और उसकी रेटिंग गिरकर बिल्कुल नीचे आ जाती है या ग़ायब ही हो जाती है। ऑडिशन की जानकारी मिल भी जाए तो मन अलसाता रहता है। घर पे पड़े रहते हैं। अब उन्हें करन जौहर या अनुराग कश्यप तो घर आकर उठाकर नहीं ले जाएंगे अपनी फ़िल्म के लिए कि "अरे तुम यहाँ लेटे हुए हो, हम कब से तुम्हें फ़िल्म में लेने के लिए ढूंढ रहे थे!!!" लेकिन उनके ख़याली पुलाव कुछ ऐसे ही होते हैं। गुरुनानक पहले ही कह गए "जिन खोजा तिन पाईयाँ, गहरे पानी पैंठ।" आप कुछ ठान कर आए हैं तो उठ जाइए...निकल पड़िए...चल पड़ेंगे तो रास्ते मिलेंगे...कई रास्ते ख़ुद बन जाएंगे...जो अपने लक्ष्य के लिए जुटे पड़े हैं उन्हें अपना दोस्त बनाइए। कभी मत भूलिए कि आप क्या करने यहाँ आए थे। आप में वे संभावनाएं हैं, अपनी शक्तियों को जगाइए और कुछ बनकर दिखाइए।

**नरेश पाँचाल, एक्टिंग कोच,
लोखंडवाला, अंधेरी वेस्ट, मुम्बई।**

20.

एक्टिंग कोच (Coach/Trainer) की क्या भूमिका है?

(कुछ बातें आपको बताना चाहता हूँ, लेकिन आज की ये बातें कुछ सांकेतिक हैं। उम्मीद है आप समझ पाएंगे।)

आप अगर एक्टर बनने जा रहे हैं तो याद रखिए आपका कोच या ट्रेनर उस कुम्हार की तरह है जो मिट्टी को उलट-पलट कर, कंकड़-पत्थर निकालकर,गंदगी हटाकर, कूट-पीटकर, छानकर और फिर पानी मिलाकर उसे लचीली बनाता है। कुम्हार की बहुत मेहनत के बाद ही उपयोगी मिट्टी तैयार हो पाती है।

इसके बाद कुम्हार इस लचीली मिट्टी से मटकी, सुराही, दीपक,खिलौने आदि कुछ भी बना सकता है। ठीक इसी तरह, डायरेक्टर को भी ऐसे एक्टर चाहिए जिन्हें वो अपनी ज़रूरत के मुताबिक उपयोग ले सके। लेकिन एक गहरी बात ये है कि डायरेक्टर सिर्फ़ एक्टर को कहता है कि उसे क्या चाहिए। कुम्हार की तरह वह ख़ुद एक्टर को पात्र में नहीं ढालता ये एक्टर की ज़िम्मेदारी है कि वो ख़ुद अपने आपको, ज़रूरत के अनुरूप पात्र में ढाल सके। अगर किसी एक्टर में यह ख़ूबी या क़ाबिलियत नहीं है तो कोई डायरेक्टर उसे क्यों काम देगा?

इसीलिए आप अगर एक्टर बनना चाहते हैं तो किसी अनुभवी प्रशिक्षक (Coach, Trainer) को अपने आप को सौंप दें। उस पर भरोसा करें। याद रखिए, अनुभवी (EXPERIENCED). अनुभवी

प्रशिक्षक आपको कई तरह के अभ्यासों (Exercises) के माध्यम से आपकी कमियों को दूर करेगा। आपके शरीर, आवाज़, आत्मविश्वास, उच्चारण आदि कई पहलुओं पर काम करेगा। आपकी झिझक, शर्म, लोगों के सामने खड़े होकर बोलने का डर दूर करेगा।

आपको क़ाबिल बनाएगा। अगर सीरियल या फ़िल्म में काम करना चाहते हैं तो आपको कैमरे के सामने एक्टिंग करना सिखाएगा, शूट करेगा और आपकी कमियों को दूर करेगा। याद रखिए कि आप में एक्टर जैसा लचीलापन तभी आ सकता है जब आप ट्रेनर द्वारा कराए जा रहे हर अभ्यास को मन लगाकर करें। ये लचीलापन सिर्फ़ शारीरिक ही नहीं, मानसिक भी होता है, ताकि आप डायरेक्टर के विचार को समझ कर, उसके अनुरूप स्वयं को ढाल सकें।

हर अच्छा ट्रेनर जानता है कि आप पर उसे किस तरह काम करना है। हर स्टूडेन्ट का व्यक्तित्व अलग-अलग होता है इसलिए अनुभवी ट्रेनर ही आपकी प्रकृति को समझ पाएगा। जैसे एक कुम्हार मिट्टी के ढेर को देख कर अंदाज़ा लगा लेता है कि उसे लचीला बनाने के लिए किस तरह की मेहनत की ज़रूरत है, एक अच्छा ट्रेनर भी आपको देखकर समझ जाएगा कि आपके साथ किस-किस तरह के अभ्यास उसे करने हैं।

जिस तरह कुम्हार मिट्टी को साफ़ करता है, वैसे ही एक ट्रेनर आपकी कमियों को ढूंढ-ढूंढ कर निकाल देगा। लेकिन इस पूरी प्रक्रिया में आपको श्रद्धापूर्वक हर अभ्यास को करना होगा और धैर्य भी रखना पड़ेगा। शायद कई बार आप सोचेंगे कि यह अभ्यास क्यों कराया जा रहा है, या इसका क्या फ़ायदा है?

आप सिर्फ़ ट्रेनर पर भरोसा कीजिए, देखते जाइए, जादू जैसा होगा। आपमें सकारात्मक बदलाव नज़र आने लगेंगे। इसमें वक़्त लगता ही है। जैसा कि मैं पहले ही कह चुका हूँ, इसके लिए कोई गोली या कैप्स्यूल नहीं आता। आपको ट्रेनर रूपी कुम्हार के हाथों घिसना, कुटना, पिसना ही पड़ेगा। वक़्त लगेगा। बेमन से, आलसपूर्वक या उकताहट में किया गया अभ्यास आपको कोई

फ़ायदा नहीं देगा। कई अभ्यासों को बार-बार कराया जाएगा। अगर आप ऊब रहे हैं, अलसा रहे हैं, तो ज़ाहिर है कि फिर आप एक्टिंग के बारे में मत सोचिए, कुछ और कीजिए।

नरेश पाँचाल, एक्टिंग कोच,
लोखंडवाला, अंधेरी वेस्ट, मुम्बई।

21.

एक्टिंग ट्रेनिंग कपड़े सुखाने जैसी नहीं!

मान लीजिए कि एक कपड़ा सूखने में 10 मिनट लगते हैं, तो 25 कपड़े सूखने में कितना समय लगेगा?

आपका जवाब होगा 10 मिनट...बिल्कुल सही। क्योंकि सारे कपड़े एक साथ ही सूख जाएंगे। लेकिन एक्टिंग ट्रेनिंग ऐसी नहीं होती, कि सभी स्टूडेन्ट्स को एक साथ कोई मोनोलॉग या सीन कराया जा सके। सबकी एक्टिंग पर अलग-अलग ही ध्यान देना होगा।

और आसान करने के लिए इस तरह भी समझ सकते हैं। किसी डांस क्लास में डांस टीचर सभी स्टूडेन्ट्स से एक साथ कोई स्टेप करा सकता है। जैसे ही गाना बजेगा, सभी लोग एक साथ डांस कर सकते हैं। इसीलिए कई डांस टीचर तो स्टेडियम में भीड़ को इकट्ठा कर-कर के सबको एक साथ डांस करा देते हैं और पता नहीं कौन-कौन से रिकॉर्ड बना लेते हैं। इसी तरह अगर कोई योगा क्लास है तो वहाँ योगा टीचर सबको एक जैसे निर्देश दे सकता है... लेट जाओ, बायाँ हाथ ऊपर करो, पैर ऊपर करो वगैरह...और सभी लोग एक साथ वैसा ही कर देंगे।

लेकिन एक्टिंग में ऐसा नहीं हो सकता। यहाँ मैं बात कैमरे के लिए होने वाली एक्टिंग की कर रहा हूँ। इसके लिए आपको कई तरह के मोनोलॉग्स और सीन करने होते हैं, जिन्हें शूट किया जाता है। इसमें सबका मोनोलॉग एक साथ नहीं देखा जा सकता। क्योंकि हर किसी का अपना अलग व्यक्तित्व (Personality) होता

है। भावनाएं (Feelings) व्यक्त करने के लिए सबका अंदाज़ भी जुदा-जुदा होगा। इसलिए सब एक साथ एक्टिंग नहीं कर सकते।

एक्टिंग ट्रेनर भी सबकी एक्टिंग एक साथ नहीं देख सकता। कौन कब, कहाँ, कैसे संवाद बोल रहा है, किस तरह के पॉज़ेज़ ले रहा है। (Pauses-संवाद बोलने के दौरान शब्दों के बीच अंतराल। इन पॉज़ेज़ में ही असली एक्टर की पहचान होती है)

पॉज़ेज़ में किस तरह का व्यवहार (Behavior) नज़र आ रहा है। कहाँ उसके संवाद उसकी भावनाओं (Feelings) के साथ मेल खा रहे हैं या नही। संवाद बोलते समय क्या शब्दों का उच्चारण ठीक है या नहीं। एक्टिंग में कितनी सच्चाई है या नहीं...आदि... आदि।

अच्छे एक्टिंग ट्रेनर का काम काफ़ी सूक्ष्म और गहराई लिए हुए होता है। वह बारीकी से एक-एक बात को देखता है और फिर स्टूडेन्ट को Feed Back देता है। अनुभवी ट्रेनर ही बता सकता है कि स्टूडेन्ट ने कहाँ अच्छा किया और कहाँ सुधार की गुंजाइश है। क्या कमी रही और इसे कैसे सुधारा जा सकता है और कैसे प्रस्तुति को और प्रभावी बनाया जा सकता है। अच्छा ट्रेनर धैर्य के साथ अपने स्टूडेन्ट पर काम करता है और उसकी कमियों को दूर करने पर ही ट्रेनर को संतुष्टि मिलती है। इस प्रक्रिया से गुज़रते हुए धीरे-धीरे आपकी एक्टिंग निखरती जाएगी।

अच्छे ट्रेनर में इस तरह की पारखी नज़र होना ज़रूरी है। अब शायद आप समझ गए होंगे कि एक्टिंग सीखने की प्रक्रिया स्कूल में होने वाली पीटी जैसी भी नहीं है कि सबको एक साथ करवा दी। यह बहुत वक़्त लेने वाली प्रक्रिया है, जिसमें सीखने वाले को भी धैर्य रखकर सीखने की ज़रूरत है। कृपया एक्टिंग ट्रेनिंग को डांस, स्कूल की पीटी, योगा क्लास या इसी तरह की अन्य कक्षाओं से अलग रखकर देखिए।

नरेश पाँचाल, एक्टिंग कोच,
लोखंडवाला, अंधेरी वेस्ट, मुम्बई।

22.

एक्टिंग 'सिक्स पैक' से नहीं, पूरे शरीर से होती है!

आजकल जब भी कोई एक्टर बनने के बारे में सोचता है, बस जिम में जाकर सिक्स पैक्स टमी (पेट) बनाने में जी जान से जुट जाता है बहुत सारी एनर्जी, वक़्त, जिम ट्रेनर की फ़ीस और सप्लीमेन्ट्स में हज़ारों रुपए हर महीने ख़र्च होते हैं।

महीनों की मेहनत के बाद सिक्स पैक्स बन भी जाएं तो उसे बनाए रखने पर भी ख़ासी मशक्कत और ऊर्जा रोज़ चाहिए। (जबकि लगातार सिक्स पैक बनाए रखना स्वास्थ्य के लिए नुकसानदेह हो सकता है। ऐसा कई हैल्थ एक्सपर्ट का कहना है)

एक्टर बनने आए ऐसे कई युवाओं को मैं जानता हूँ, जिनका सारा दारोमदार बस जैसे तैसे सिक्स पैक हासिल करना ही है। वो रोज़ाना जिम में खूब पसीना बहाते हैं। बार-बार टी-शर्ट ऊपर करके पेट को शीशे में निहारते रहते हैं। शेप आ रहा है या नहीं, यही चिंता उन्हें खाए जाती है। दरअसल इनमें ज़्यादातर युवा ऐसे होते हैं, जिन्हें एक्टिंग के बारे में गहराई से पता नहीं होता। (कुछ एक्टर्स कैरेक्टर की ज़रूरत के मुताबिक सिक्स पैक बनाते हैं, क्योंकि उन्हें डायरेक्टर ने ऐसा करने को कहा है। जैसे आमिर ख़ान ने 'गजनी' के लिए बनाए थे)

लेकिन जिम में ज़्यादातर का यही सोचना होता है कि टीवी स्क्रीन पर या फ़िल्मी पर्दे पर जो नज़र आ जाए, बस वही एक्टर

है...और सिक्स पैक के बिना वो एक्टर बन ही नहीं सकते। ऐसा नहीं है। मेरा कहना है कि एक्टिंग सिर्फ़ पेट से नहीं होती। और भी पहलू हैं, जिन पर आपको काम करना होगा।

तभी जाकर आपकी एक्टिंग निखर पाएगी और असर पैदा कर सकेगी। यहाँ तक कि सिर्फ़ चेहरे से ही नहीं, बल्कि पूरा शरीर एक्टिंग में शामिल होगा, तभी आप अपनी भावनाएं सही तरीक़े से दर्शकों तक पहुँचा पाएंगे। आपका पात्र (character) जिस विचार को प्रकट करना चाहता है, उसके लिए चेहरे के भावों के साथ पूरे शरीर को भी आपको ढालना पड़ेगा। हर विचार के साथ आपकी बॉडी लैंग्वेज़ बदलती है, उसे भी समझना पड़ेगा। अगर डायरेक्टर शॉट को close-up में ले रहा है तो चेहरे के भाव बहुत मायने रखते हैं।

ऐसे में कितनी गहराई और सच्चाई से आपके चहरे पर भाव आ रहे हैं, यही आपकी अच्छी एक्टिंग का पैमाना बनता है। हालाँकि ये बिल्कुल सच है कि सिक्स पैक्स बनाने के लिए भी बहुत मेहनत, उपयुक्त खान-पान और आराम की ज़रूरत होती है। इसीलिए हर कोई सिक्स पैक हासिल भी नहीं कर सकता। इसके लिए भी धैर्य चाहिए, क्योंकि वक़्त लगाना पड़ता है। लेकिन इसके बजाय आप ज़्यादा ऊर्जा अगर डिक्शन, डायलॉग डिलीवरी, आवाज़ की बेहतरी, बॉडी लैंग्वेज और अभिनय के बारे में जानने-समझने, शरीर को संतुलित, लचीला और स्वस्थ बनाए रखने पर ख़र्च करें तो बेहतर रहेगा। आपकी बेहतरी के लिए मेरी शुभकामनाएं।

नरेश पाँचाल, एक्टिंग कोच,
लोखंडवाला, अंधेरी वेस्ट, मुम्बई।

23.

ऑडिशन के पैसे देना?...जैसे दुल्हन अपनी मुँह दिखाई का पैसा दे!

एक्टिंग का नया-नया शौक़ पालने वालों को जिन-जिन तरीक़ों से लूटा जा सकता है, उसी का एक रास्ता ये भी है। ऑडिशन देने के लिए भी उनसे पैसे लिए जाते हैं। ये वैसी ही बात हो गई, कि सात फेरे खाकर दुल्हन दूल्हे के घर आए। फिर अपनी मुँह दिखाई के लिए दूल्हे के रिश्तेदारों और पड़ोसियों को रुपए बाँटती फिरे।

मेलों में आपने देखा होगा। वहाँ चमचमाती-लिपलिपाती बत्तियों (lights) वाली मशीन से लोगों का भविष्य बताया जाता है। भविष्य जानने वाले को एक वज़न मापने की मशीन (Weight Machine) पर खड़ा कर दिया जाता है। फिर उसके कानों में जलते-बुझते बल्वों की लड़ियों से जगर-मगर करता एक बड़ा सा ईयरफ़ोन लगा दिया जाता है। सामने पोर्टेबल टीवीनुमा स्क्रीन पर एक पंडितजी अवतरित होते हैं और भविष्यवाणी करते हैं-"आपका वज़न अस्सी किलो है...अस्सी किलो है...अस्सी किलो है" (कमाल की बात है, ईयरफ़ोन लगा है, तब भी ये आकाशवाणी उन सब लोगों को भी सुनाई पड़ती है, जो बावलों की तरह ये माजरा देखते रहते हैं)। आकाशवाणी फिर से होती है-"आप दिल के बहुत अच्छे इंसान है। आप मेहनती है। पैसा कमाते हैं, लेकिन पैसा टिकता नहीं" (ऐसी ही सौ बातें मैं आपके लिए बता सकता हूँ और सब आपको सच लगेंगी)। ऐसा ही इन ऑडिशनों में हो रहा है। यानी सिर्फ़ कैमरे के सामने खड़ा करके, दो-चार लाइनें बुलवाने का पैसा लिया जाता है।

मेरे इन-बॉक्स में भी कुछ एक्टर्स ने ज़िक्र किया कि उनसे भी ऑडिशन के नाम पर पैसे मांगे गए। जबकि असलियत ये है कि ऑडिशन लेना प्रोडक्शन हाउस या फ़िल्म मेकर्स की मजबूरी है। उन्हें अच्छे एक्टर्स चाहिए जिनके बलबूते वे अपनी कहानी प्रभावशाली ढंग से पेश कर सकें। कई बार कुछ स्थापित एक्टर्स को वे पहले से चुन चुके होते हैं। बाक़ि कास्टिंग के लिए वे ऑडिशन लेते हैं। मुम्बई के प्रोडक्शन हाउसेज़ में फ्री में ही ऑडिशन होते हैं। कोई पैसे नहीं लेता।

जो लोग ऑडिशन के पैसे लेते हैं, वे रजिस्ट्रेशन फॉर्म के नाम पर कुछ फॉर्मेलिटीज़ भी करा लेते हैं, ताकि एक्टर्स को लगे कि हाँ... कुछ हो रहा है। इस तरह के मामले आम तौर पर मुम्बई से बाहर अमूमन दिल्ली और छोटे शहरों में ज़्यादा होते हैं। आप सोचिए, मुम्बई में ही देशभर से आए इतने एक्टर्स भरे पड़े हैं, तो यहाँ के प्रोडक्शन हाउस छोटे शहरों में जा-जाकर ऑडिशन क्यों लेंगे? हाँ, जब कभी फ़िल्म स्क्रिप्ट के हिसाब से क्षेत्र-विशेष के कलाकारों की ज़रूरत पड़ती है, तो कास्टिंग डायरेक्टर उस क्षेत्र के थिएटर आर्टिस्ट्स को ले लेते हैं। इतना दिखावा नहीं करते।

लेकिन एक्टर्स को मुर्ग़ा समझने वाले लोग, ऑडिशन के पैसे लेकर उनसे कैमरे के सामने दो-चार लाइन बुलवा लेते हैं। इतनेभर से ही उन एक्टर्स के "मुंगेरी लाल के हसीन सपने" शुरू हो जाते हैं-कि वो बड़े पर्दे पर धाँय...धाँय गोलियाँ चला रहे हैं...उछल-उछल कर अपने घूँसों और फ़ाइटिंग से गुंडों को धूल चटा रहे हैं...फिर हीरोइन के साथ गलबहियाँ डालकर रोमांटिक गाना गा रहे हैं। इसी तरह पैसे दे देकर ऐसे कई हसीन सपने वे देख डालते हैं, लेकिन सपना सच नहीं होता। उल्टे ऐसे झाँसेबाज़ों की पैसे की मांग और भी कई तरीक़ों से सामने आने लगती है। इसकी जानकारी अगली पोस्ट में।

ऑडिशन के पैसे लेने के बाद ऐसे झाँसेबाज़ फिर आपको दिखाई ही नहीं पड़ेंगे। और दिखाई भी पड़े तो उनकी कोई जवाबदारी नहीं होती, क्योंकि हर ऑडिशन देने वाले को चुन लिया जाए, ऐसा

कोई नियम नहीं होता। उधर उन पैसेदार एक्टर्स को भी पता चल जाता है कि "तिल में कितना तेल है।" एक्टिंग तो उनसे हुई नहीं। इसलिए वह भी चुप बैठने में ही भलाई समझते हैं।

ऐसे फ़र्ज़ी ऑडिशनों के दौरान कुछ जाने-माने एक्टर्स को (पैसे देकर) ऑडिशन पैनल के नाम पर कभी-कभी बुला लिया जाता है, ताकि उनके नाम से भीड़ और बढ़े। सच ये है कि जिन लोगों को फ़िल्म या सीरियल सच में बनाना होता है, उनके पास इस तरह के टोटके करने का वक़्त नहीं होता। कभी-कभी रियलिटी शो के नाम पर भी पैसे लिए जाते हैं। अगर कोई बड़ा प्रोडक्शन हाउस ख़ुद करा रहा है तो संभवतः वो ऑडिशन सही हो सकता है। गूगल से उस प्रोडक्शन हाउस का फ़ोन नम्बर निकाल कर क्रॉस चेक करें कि क्या ये उन्हीं का ऑडिशन है। तब ही ऑडिशन दें। फिर भी पैसे देकर ऑडिशन देने की कोई तुक नहीं है। आपका पैसा बेकार जा रहा है। ज़रा बच के रहिए।

नरेश पाँचाल, एक्टिंग कोच,
लोखंडवाला, अंधेरी वेस्ट, मुम्बई।

24.

ऑडिशन के पैसे देना? जैसे शिकार का शेर की माँद में घुस जाना!

एक्टर बनने की ख़ातिर, जिन लोगों को पैसे देकर मुँह दिखाई का शौक़ है, वे आगे भी लुटते ही चले जाते हैं। दरअसल ये ठीक वैसा ही है, जैसे कोई शिकार (जैसे ख़रगोश, हिरण) शेर की गुफा में ख़ुद चला जाए। ऐसा ख़ूब हो रहा है। एक्टर बनने का ये अंधा जुनून लोगों की जेब तो ढीली कर ही रहा है, उनका वक़्त और जिंदगी भी बर्बाद कर रहा है। जो बहेलिए हैं, वे चांदी काट रहे हैं। ऐसे कथित एक्टर्स के अंधे जुनून को भाँपते ही, ये झाँसेबाज़ और कई तरह के जाल फेंकते हैं और बेचारा एक्टर मुर्ग़ा बनकर हलाल हो जाता है। ध्यान रखिए कि जो लोग सच में कोई फ़िल्म बना रहे हैं या सीरियल बना रहे हैं, ऑडिशन लेना उनकी ज़रूरत है। उनकी गरज है। इसीलिए किसी भी स्थापित और ईमानदार प्रॉडक्शन हाउस में कभी भी ऑडिशन का पैसा नहीं लिया जाता।

ध्यान रखिए, कई झाँसेबाज़ बिना पैसे लिए भी ऑडिशन के लिए बुलाते हैं, लेकिन आगे फिर वे आपसे पैसे हड़पने के कुछ और दाँव चलते हैं। जैसा कि मैं पहले भी एक पोस्ट में कह चुका हूँ, कि सबसे पहले आर्टिस्ट कार्ड का जाल फेंकते हैं। वह कहेंगे कि आपके पास आर्टिस्ट कार्ड नहीं है। इतने-इतने हज़ार का बनेगा, तब ही आपको काम मिल पाएगा। पैसेदार एक्टर्स फिर कुछ रुपए उनकी पोटली में डाल देते हैं। जबकि कार्ड बनाना बहुत आसान है और बहुत कम राशि में आप स्वयं बना सकते हैं।

कभी झाँसेबाज़ कहेंगे कि आपके पास पोर्टफ़ोलियो नहीं है, वो बनवाना पड़ेगा। वो कहेंगे कि उनका फ़ोटोग्राफ़र है या वे ख़ुद ही बनवाकर देंगे। इसके इतने-इतने रुपए लगेंगे। (...जबकि आजकल पोर्टफ़ोलियो का ज़माना चला गया है। मैं अगली पोस्ट में इस पर बात करूंगा...)। तो आप कार्ड से बच निकलेंगे तो पोर्टफ़ोलियो के नाम पर लूटेंगे। पैसेदार एक्टर कुछ रुपए (कम से कम 5 से 30 हज़ार) और झाँसेबाज़ की पोटली में डाल देते हैं। इस दौरान अगर आपने ज़्यादा अच्छी पैसेदारी दिखाई तो आपसे ये भी कह सकते हैं कि-"आप तो जन्मज़ात हीरो हैं......ऑडिशन में आपने कमाल कर दिया.... कुछ लाख रुपए लाकर दे दें तो आप ही को हीरो बना देते हैं.... या आप भी हमारे पार्टनर बन जाइए।" कई लोग लाखों रुपए भी दे देते हैं। इस तरह के कई पैसेदार एक्टर कुछ दिनों तक बिना फ़िल्म बने ही हीरो बनने का आनंद उठा लेते हैं। जेब ख़ाली होती जाती है, वो फ़िल्म कभी नहीं बनती। कभी-कभार झाँसेबाज़, मोटी रकम अंटी (Wallet) में डालने के बाद, दो-चार दिन का दिखावटी शूट भी कर डालते हैं। इस दौरान लोकेशन आदि बुक करने के नाम पर भी उतावले एक्टर्स की जेब ढीली कर दी जाती है। इसके बाद कोई भी बहाना बनाकर शूट बंद कर दिया जाता है और फिर हमेशा के लिए वह प्रोजेक्ट बंद। हीरो बनने के चक्कर में पैसे लुट गए सो अलग।

छोटे शहरों या दिल्ली में मुम्बई से कुछ एक्टर्स को भी ऑडिशन का हिस्सा बनाना दरअसल पैसेदारों को लुभाने का ही एक तरीक़ा है। एक्टर्स तो कहीं भी जा सकते हैं, बस पैसे दे दीजिए। दुकान का फ़ीता काटने से लेकर शादी में डांस करने तक एक्टर पैसे लेते हैं। ऐसे में पैसे लेकर किसी ऑडिशन में बैठने में उन्हें क्या हर्ज़ होगा भला। लेकिन ध्यान रखिए, प्रोडक्शन हाउस की कास्टिंग में एक्टर्स का कोई लेना देना नहीं होता। (जब तक की वो एक्टर ख़ुद प्रोड्यूसर न हो)। एक्टर तो ख़ुद नए प्रोजेक्ट हासिल करने के लिए प्रोडक्शन हाउसेज़ या चैनल वालों की ओर चकोर की तरह ताकते रहते हैं, वे क्या किसी को ऑडिशन लेकर काम देंगे!! वे सिर्फ़ पैसा लेकर वहाँ भीड़ को अपना चेहरा दिखाने आते हैं। सतर्क

रहिए। उनको मुँह दिखाई के पैसे मिलते हैं, आपको नहीं। इसलिए आप समझदारी दिखाइए और पैसा देकर अपनी मुँह दिखाई बंद कीजिए। बल्कि अपने को इतना क़ाबिल बनाइए कि आप किसी की ज़रूरत बन जाएं।

देख लीजिए, कहाँ से निकला सिलसिला कहाँ तक जा निकलता है। ज़रा बच के रहिए। ठगी से बचने की बात अगली पोस्ट में।

नरेश पाँचाल, एक्टिंग कोच,
लोखंडवाला, अंधेरी वेस्ट, मुम्बई।

25.

एक्टर बनना है?...धैर्य रखेंगे तो बन जाएंगे!

एक चौपाई है-"धीरज, धरम, मित्र अरु नारी, आपद काल परखिए चारी"

ये धीरज यानी धैर्य (Patience) जो है, वो हर इंसान की ज़रूरत है। जो कुछ पाना चाहता है, उसका संबल है। पुराने लोग कह गए हैं कि जिसके पास धैर्य है, सब्र है, उसे सब मिल जाता है। अधीर आदमी कभी यह करता है, कभी वो करता है और फिर कहीं का नहीं रहता। आप अगर अच्छे एक्टर हैं। आपको एक्टिंग के क्राफ़्ट की समझ है और आपका लक्ष्य अगर एक्टर बनना ही है, तो इसके लिए आप धैर्य रखिए। आपको एक दिन ज़रूर अच्छा काम मिलेगा और नाम भी। ऐसे कई उदाहरण दुनियाभर में हैं। जिन लोगों ने धैर्य रखा और विपरीत हालात में भी हिम्मत नहीं हारी। टिके रहे। वे ही हीरो बनकर उभरे।

सबसे नया उदाहरण नवाज़ुद्दीन सिद्दीक़ी का ही लीजिए। वो तो बहुत प्रतिष्ठित अभिनय संस्थान NSD से एक्टिंग की ट्रेनिंग लेकर मुम्बई आए थे। तीन साल की एक्टिंग ट्रेनिंग। उन्होंने बहुत संघर्ष किया है। इतना, कि कई बार तो उन्हें भूखे सोना पड़ा। चौकीदार की नौकरी करनी पड़ी। मैंने उनका एक इंटरव्यू पढ़ा था, जिसमें उन्होंने अपने कड़े दिनों की याद करते हुए बताया था कि-"जब संघर्ष करते हुए 10 साल हो गए, तो हिम्मत जवाब देने लगी।

लेकिन फिर माँ की कही एक बात याद आई कि-बेटा, बारह साल में तो घूरे (कचरे का ढेर) के भी दिन फिरते हैं।"

नवाज़ ने कहा कि-"मैंने सोचा कि दस साल तो हो गए हैं, माँ ने कहा है 12 साल, तो दो साल और देखते हैं..." ये उनका धैर्य था जो टूटा नहीं। सालों तक अच्छा काम और नाम नहीं मिला, इसका मतलब ये नहीं कि वे अच्छे एक्टर नहीं थे। कई अच्छे एक्टर्स को बरसों तक काम और नाम नहीं मिलता। इसका मतलब ये नहीं कि वे नाकारा हैं या अच्छे एक्टर नहीं है।

साबित करने का मौक़ा जब भी मिलता है, ऐसे एक्टर ख़ुद को साबित कर देते हैं और नाम कमाते हैं। आप भी इस बात को याद रखिए। अगर आप की एक्टिंग में दम है तो एक दिन आपका होगा। मैंने पहले भी एक पोस्ट में कहा था कि अच्छा एक्टर होना और अच्छा काम मिलना दोनो अलग-अलग बातें हैं। कई अच्छे एक्टर अपनी अच्छी मार्केटिंग नहीं कर पाते और बरसों तक बेनामी के अंधेरे में गुमनाम रहते हैं। अगर किसी ने फ़िल्मों या टीवी सीरियल में काम नहीं किया इसका मतलब ये नहीं कि वो अच्छा एक्टर नहीं है।

कई बेहतरीन एक्टर थिएटर से जुड़े रहते हैं और उन्हें वहीं संतुष्टि मिलती है। वो सारी ज़िंदगी थिएटर को ही समर्पित कर देते हैं। तो ये आपके लक्ष्य पर निर्भर करता है कि आप क्या चाहते हैं। अगर एक्टिंग करने से आत्म संतुष्टि मिलती है और आनंद का अनुभव होता है तो आपका स्तर बहुत ऊँचा है। जो लोग सिर्फ़ ये सोचकर एक्टर बनना चाहते हैं कि एक्टिंग में बहुत पैसा है और नाम भी होता है तो वो उन्हें ज़्यादा निराश होना पड़ता है, क्योंकि उनके लिए एक्टिंग न कला है, न उनकी ज़िंदगी या न ही आत्मसंतुष्टि। उनकी नज़र पैसे और नाम पर है, जो एक तरह का लालच है। ऐसे लोगों को पता नहीं होता कि वे कितने पानी में हैं और बरसों तक आधी-अधूरी कोशिश करते हुए फ़िल्म इंडस्ट्री को बदनाम करने में जुट जाते हैं। इनमें से कई फिर ख़ुद दूसरों को धोखा देकर पैसे कमाने के रास्ते पर निकल पड़ते हैं।

कई एक्टर बदनाम होकर भी नाम कमाने की कोशिश करते हैं। ऊटपटांग चीज़ें या हरकतें कर के ख़बरों में आने की कोशिश करते हैं, लेकिन इससे अच्छे एक्टर के रूप में उनकी पहचान नहीं बन सकती। अंदरूनी चमक का कोई मुकाबला नहीं है। आपकी प्रतिभा की चमक आपको दूसरों से अलग कर ही देगी। इसलिए ख़ुद में दमख़म पैदा कीजिए। अच्छी तैयारी कीजिए। धैर्य रखकर काम पाने की कोशिश जारी रखिए। हरिवंशराय बच्चन की वो कविता भी याद कर लीजिए जिसमें उन्होंने कहा था-"कोशिश करने वाले की कभी हार नहीं होती..."

मैं कई नए एक्टर्स से मिलता हूँ। कोई कहता है कि पैसे वालो को ही काम मिलता है। या जानपहचान वालों को ही काम मिलता है। मेरा कहना है कि अगर आप इन बातों को सच मानते हैं तो फिर आप क्यों अपना वक़्त और पैसा बर्बाद कर रहे हैं? दरअसल फ़िल्म इंडस्ट्री में कोई नियम क़ायदे नहीं हैं। यहाँ हर चीज़ का खुलापन है। अगर आपके पास करोड़ों रुपए हैं या आपके हाथ गड़ा हुआ ख़ज़ाना लग जाए तो आप ख़ुद को हीरो लेकर एक फ़िल्म बना सकते हैं। कौन रोकेगा आपको। अपनी इस फ़िल्म में आप अपनी जान पहचान के सब लोगों दोस्तों और दूर-दराज़ के रिश्तेदारों को भी ले सकते हैं। कौन रोकेगा आपको। लेकिन मुझे नहीं लगता कि तब आप ख़ुद ऐसी हिम्मत जुटा पाएंगे। क्योंकि आपका पैसा लग रहा है न फ़िल्म में।

दूसरों को कोसने से कुछ नहीं होता। इस इंडस्ट्री में पैसे से भी लोगों को काम मिलता है तो जिनके पास पैसा नहीं है उनको भी काम मिलता है। टिकता वही है जिसके पास टैलेन्ट है। कई प्रोड्यूसर भी अपने बेटों को लेकर फ़िल्म बनाने की हिम्मत नहीं जुटा पाते।

आप जो है, जैसे हैं, पहले उसे स्वीकार कीजिए और फिर आगे की सोचिए कि अब क्या करना है। जल्द ही आपको पर्दे पर देखने का आकांक्षी।

नरेश पाँचाल, एक्टिंग कोच,
लोखंडवाला, अंधेरी वेस्ट, मुम्बई।

26.

एक्टर बनना है?...एक्टिंग करने के मौक़े और रास्ते तलाशिए!

अभिनय (Acting) को 'करत की विद्या' कहा गया है।

यानी एक्टिंग सिर्फ़ पढ़ने-सुनने से नहीं आ सकती। ये करने से ही आती है और करते-करते ही आपकी एक्टिंग में असर और गहराई बढ़ने लगती है। फिर धीरे-धीरे ये बहुत सहज और आसान हो जाती है।

लेकिन इसका मतलब ये कतई नहीं है कि एक्टिंग के बारे में पढ़ना, सुनना या एक्टिंग देखना व्यर्थ है। अगर आप एक्टर बनने की सोच रहे हैं तो आपकी जानकारी में इज़ाफ़ा करना बहुत ज़रूरी है। इसलिए एक्टिंग सम्बंधी विषयों का अध्ययन करने, नाटक और फ़िल्में देखने से आपकी समझ का दायरा विस्तृत होता है। साथ ही आपकी एक्टिंग में चमक आती जाती है। आपकी अभिनय दक्षता और रेंज बढ़ती जाती है। लेकिन अच्छा एक्टर बनने के लिए तो आपको एक्टिंग करते ही रहना पड़ेगा। वरना धार कुंद पड़ती जाएगी। इसीलिए अच्छे से अच्छे एक्टर भी जब बहुत महीनों या सालों बाद एक्टिंग में वापसी करते हैं तो उन्हें बहुत घबराहट (Nervousness) होती है। इसे दूर करने के लिए वे ख़ूब रिहर्सल करते हैं। मुम्बई में फ़िल्म या टीवी में काम करने के लिए आए हुए कई एक्टर्स को जब साल-छह महीनें काम नहीं मिलता तो उन्हें भी एक्टिंग की प्रेक्टिस की दरकार महसूस होती है।

एक ज़माना था, जब एक्टिंग के बारे में लोगों को पर्याप्त जानकारी भी नहीं मिल पाती थी।

लोगों को फ़िल्में भी इतनी ज़्यादा देखने को नहीं मिलती थी। अब तो भरमार है। मल्टीप्लैक्स खुल गए हैं, जिनमें एक साथ पाँच-छह फ़िल्में चलती हैं। इंटरनेट पर भी मनचाही फ़िल्म देखी जा सकती है। आप विश्वस्तर का सिनेमा घर बैठे देख सकते हैं।

एक्टिंग से सम्बंधित जानकारी भी अब इंटरनेट पर चुटकियों में मिल जाती है। पहले किसी भी जानकारी के लिए Encyclopaedia खोलना पड़ता था। या फिर लाइब्रेरियों में जा जाकर सम्बंधित विषय की सामग्री तलाश करनी पड़ती थी। यानी सिर्फ़ जानकारी जुटाने में ही लोगों को पसीने छूट जाते थे। भागदौड़ भी काफ़ी होती थी।

अब जानकारी हासिल करना पलक झपकने जैसा हो गया है। इंटरनेट ने Knowledge की एक तरह से बाढ़ ला दी है। वहीं जानकारी के विकल्प सुझाने में Google एक तरह से अलादीन का जिन्न है जो ऑर्डर देते ही सम्बंधित लिंक (links) आपको थमा देता है। फिर यू-ट्यूब है। यहाँ आप जानकारी से लबरेज़ एक से बढ़कर एक वीडियोज़ देख और समझ सकते हैं। यानी जानकारी अब आपकी मुट्ठी में है।

लेकिन अभिनेता बनने के लिए सिर्फ़ जानकारी पर्याप्त नहीं है। जैसे तैरना सीखने के लिए सिर्फ़ ये जानकारी पर्याप्त नहीं है कि पानी में कूदने के बाद हाथों को ऐसे हिलाना, पैरों के वैसे हिलाना। स्वीमिंग पूल से बाहर कोई आपको साल-छह महीने तक भी तैयार करे तो भी आप तैराक नहीं बन सकते। आपको पानी में उतरना ही पड़ेगा।

पानी में उतरने के बाद ही पहले सामान्य तैराकी आप सीखेंगे और बाद में अभ्यास करते-करते Front Crawl, Backstroke, Butterfly, Sidestroke आदि कई प्रकार की तैराकी आप सीख सकते हैं। यानी तैराकी में दक्षता बढ़ती जाएगी। फिर आप कई

प्रतियोगिताओं में हिस्सा लेने लायक बन पाते हैं। मेडल्स भी जीत सकते हैं।

एक्टिंग ट्रेनिंग भी इसी प्रकार की होती है। उसे सिर्फ़ सुनकर या पढ़कर आप नहीं समझ सकते। वो करने से ही आती है। इसीलिए, जैसा की मैंने ऊपर कहा कि एक्टिंग 'अभिनय करत की विद्या है।' जब आप एक्टिंग के अभ्यास करते हैं तो आप महसूस करेंगे कि हर बार कुछ नयापन और सुधार आपकी एक्टिंग में आता जा रहा है। इसलिए एक्टर बनना है तो एक्टिंग करने के रास्ते खोजिए।

मेरी क्लास में, मैं अपने स्टूडेन्ट्स से कई प्रकार के भावों से जुड़ी एक्टिंग कराता हूँ। उन्हें शुरू में कुछ झिझक और शर्म महसूस होती है। इसे दूर करने के लिए भी उनसे कई प्रकार की गतिविधियाँ कराई जाती हैं। जिनको करते-करते वे आपस में बहुत घुल-मिल जाते हैं। शर्म और झिझक जाने लगती है। खुलकर बोलने और एक-दूसरे को सुनने लगते हैं। उनकी आवाज़, भाषा और उच्चारण (Diction) पर भी काफ़ी काम किया जाता है। क्योंकि अगर डिक्शन सही नहीं है तो कोई भी एक्टर ऑडिशन ही पास नहीं कर पाएगा। उसे सीरियल या फ़िल्म में काम मिलना मुश्किल है। भले ही वो कितना भी अच्छे एक्सप्रेशन क्यों न दे रहा हो, अच्छा काम तभी मिलेगा, जब डिक्शन सही होगा। इसके बाद उनसे कई प्रकार के स्क्रिप्ट्स पर एक्टिंग कराई जाती है। उनसे कैमरे के सामने एक्टिंग कराई जाती है। इसी दौरान उन्हें फ़िल्म और टीवी एक्टिंग के लिए ध्यान में रखने वाली तकनीकी बातों की जानकारी भी दी जाती है। एक्टिंग करते समय बताया जाता है कि उन्होंने क्या ग़लत किया है, क्या अच्छा किया है। अपने सीन को वे कैसे और बेहतर बना सकते हैं।

ये समझाकर फिर से वो सीन कराया जाता है। शूट किए गए फ़ाइनल सीन या मोनोलॉग्स एक्टर को दिए जाते हैं, ताकि वह ख़ुद की एक्टिंग को देख सके। इस तरह उनकी एक्टिंग निखरती चली जाती है। कई बार एक्टर किसी सीन में भाव को पकड़ नहीं पाते या फ़ील (feel) नहीं कर पाते। इसके लिए भी उन्हें

आसान-आसान तकनीक बताई जाती है। इससे उनके लिए एक्टिंग करना बहुत आसान हो जाता है। अगर आप भी एक्टर बनना चाहते हैं तो एक्टिंग करने के रास्ते तलाशते रहिए। जहाँ मौक़ा मिले, एक्टिंग करने के लिए उत्सुक रहिए। तभी आपकी एक्टिंग में निखार आएगा।

नरेश पाँचाल, एक्टिंग कोच,
लोखंडवाला, अंधेरी वेस्ट, मुम्बई।

27.

पोर्टफ़ोलियो (Part-I)
एक्टर बनना है?...पोर्टफ़ोलियो के नाम से मत डरना!

नए एक्टर्स को जिस चीज़ का नाम लेकर सबसे ज़्यादा डराया जाता है, उनमें आर्टिस्ट कार्ड के बाद दूसरा नम्बर पोर्टफ़ोलियो का ही है। छोटे शहरों से आए नए-नवेले एक्टर्स से जैसे ही कोई पोर्टफ़ोलियो माँगता है, उनके पसीने छूट जाते हैं।

पसीना दिखते ही राहत का नैपकिन तैयार रहता है-

"अरे...इसमें इतना परेशान होने की ज़रूरत नहीं है...हम बना देंगे पोर्टफ़ोलियो सस्ते में...यूँ तो डेढ़-दो लाख में बनता है...हम पचास-साठ हज़ार में बना देंगे।"

बेचारा एक्टर। रो-धोकर दस-पाँच हज़ार कम ज़रूर करा लेता है, लेकिन इनकी तो बन आती है। मैं सारे नए-एक्टर्स को बताना चाहता हूँ कि जिस तरह देश से पोलियो ख़त्म हो गया, ये फ़ोलियो भी ख़त्म हो चुका है। कास्टिंग में अभी सारा नक्शा ही बदल चुका है। एक्टर्स को इतने महंगे पोर्टफ़ोलियो कराने की कतई ज़रूरत नहीं है।

क्यों ज़रूरत नहीं है?

आपके ज़हन में ये ही सवाल उठा होगा। तो सबसे पहले जान लीजिए कि पोर्टफ़ोलियो आख़िर किस चिड़िया का नाम है।

पोर्टफ़ोलियो दरअसल एक्टर के बारे में सम्पूर्ण जानकारी का विवरण होता है। इसमें एक्टर के नाम, कॉन्टेक्ट नम्बर, कद-काठी, अनुभव, उम्र आदि की जानकारी के साथ कुछेक फ़ोटो संलग्न होते हैं। ये एक तरह का एक्टर का नौकरी का आवेदन पत्र (Resume) है। हॉलीवुड में इसी तरह के पोर्टफ़ोलियो होते हैं। लेकिन अपने देश तो निराला है।

लेकिन हमारे इंडिया की बात ही निराली है। यहाँ पोर्टफ़ोलियो का मतलब सिर्फ़ और सिर्फ़, डेढ़-दो दर्जन फोटो का एलबम भर है। लेकिन अब कास्टिंग डायरेक्टर आपके ये बीस-पच्चीस फ़ोटो देखने में बिल्कुल दिलचस्पी नहीं लेते। उन्हें सिर्फ़ आपके दो-या तीन फ़ोटो चाहिए। वो भी व्हाट्सएप पर या फिर ई-मेल पर। सोचिए... सिर्फ़ दो-तीन फोटो। बस।ये फोटो भी उन्हें नॉर्मल, नैचुरल और रियल यानी वास्तविक चाहिए। इसका मतलब ये है कि जब आप ऑडिशन के लिए दाख़िल हों तो आप वैसे ही दिखने चाहिए, जिस तरह आप अपने फ़ोटो में दिख रहे हैं। कास्टिंग वाले फ़ोटो से ये मिलान करते हैं कि आप किस कैरेक्टर में फ़िट हैं।

फिर आपको बुलाते हैं। अब अगर आप वैसे नहीं हैं तो आपको उल्टे पाँव वहाँ से लौटाने में वे लोग देर नहीं करते। दरअसल कास्टिंग डायरेक्टर बहुत दूध के जले होते हैं। कई लोग अपने महंगे पोर्टफ़ोलियो के फ़ोटो उन्हें भेजते हैं, जिनमें उनकी उम्र और ख़ूबसूरती देखकर वो उन्हें किसी कैरेक्टर के लिए बुला लेते हैं। लेकिन जैसे ही वो एक्टर उनके सामने आता है, मामला कुछ और ही निकलता है।

उम्र चार-पाँच साल बड़ी और चेहरा भी वैसा नहीं जैसा उस फोटो में था। दरअसल कई पोर्टफ़ोलियो बनाने वाले कम्प्यूटर (फ़ोटो शॉप आदि से) इतना ज़्यादा चिकना-चुपड़ा, साफ़-सुथरा चेहरा बना देते हैं कि एक्टर की उम्र पाँच-छह या ज़्यादा कम दिखती है। लेकिन यह नुकसानदायक है। एक्टर्स को वैसा ही फोटो भेजना चाहिए जैसा उनका लुक और उम्र है। यहाँ तक कि बालों का स्टाइल भी वही रखना चाहिए। जैसे किसी ने लम्बे बालों के

साथ फोटो भेजा है, लेकिन जब बुलाया गया तो देखा कि बाल तो कटे हुए हैं। यह देखकर कास्टिंग वालों को गुस्सा आ जाता है।

इसीलिए आजकल के अनुभवी कास्टिंग डायरेक्टर बिल्कुल वास्तविक (Natural) फ़ोटो मांगते हैं। तो याद रखिए कि ऑडिशन में पहुँचने के लिए आपको सिर्फ़ दो-तीन फ़ोटो चाहिए होते हैं। ये फ़ोटो कैसे हों और बहुत कम पैसे में कैसे आप अच्छे फ़ोटो हासिल करें। इसकी जानकारी अगली पोस्ट में। (लेकिन हाँ...जो लोग एक्टर नहीं, सिर्फ़ और सिर्फ़ मॉडल हैं, और प्रिंट मॉडलिंग, प्रिंट शूट, स्टिल मॉडलिंग, रैम्प शो आदि करते हैं, उनके लिए किसी प्रोफ़ेशनल फ़ोटोग्राफ़र का तैयार किया हुआ पोर्टफोलियो होना ही बेहतर है। क्योंकि मॉडलिंग के पोर्टफ़ोलियो बनाना काफ़ी मेहनत वाला काम है, इसलिए उनकी लागत कुछ हज़ार से लेकर लाखों रुपए तक जा सकती है। एक्सपर्ट फ़ोटोग्राफ़र ही मॉडलिंग के अच्छे पोर्टफ़ोलियो बना सकते हैं। उन्हें हेयर स्टाइलिस्ट, मेकअप परसन, कॉस्ट्यूम और सेट आदि पर भी ख़र्च करना पड़ता है, जिससे लागत (Cost) बढ़ जाती है।)

लेकिन मैं बात सिर्फ़ एक्टिंग की ही कर रहा हूँ। एक्टर्स के लिए इतने महंगे पोर्टफ़ोलियो की ज़रूरत नहीं। इस बारे में कुछ और जानकारी अगली पोस्ट में। नमस्कार।

नरेश पाँचाल, एक्टिंग कोच,
लोखंडवाला, अंधेरी वेस्ट, मुम्बई।

28.

"क़ाबिल बनो!.....सफलता झक मार कर पीछे आएगी"

ये पंक्तियाँ आपने सुन रखी होंगी। फ़िल्म '3 इडियट्स' में रैंचो यानि आमिर ख़ान ने ये बात कही थी। इस लाइन का मतलब समझ लें, तो भी कई लोगों की ज़िंदगी संवर जाए। लेकिन होता यही है कि आमतौर पर क़ाबिल बनने की बात से लोग कन्नी काटते नज़र आते हैं। उनकी कोशिश यही होती है कि बस...एक बार चांस लग जाए, तो बात बन जाए। उन्हें तुक्कों पर भरोसा होता है। उधर जो लोग क़ाबिल बनने पर ध्यान देते हैं और कड़ी मेहनत करते हैं, वे टीवी सीरियल और फ़िल्मों में आख़िरकार काम हासिल कर ही लेते हैं। आप भी देखते होंगे, आए दिन कई नए-नए चेहरे हमें छोटे-बड़े पर्दे पर दिखते रहते हैं। ये सब कहाँ से आते हैं?? ये सब हमारे ही बीच के ही तो लोग हैं। इनमें जो सतत प्रयत्न करता रहता है, सीखता रहता है, कड़ी मेहनत करता है वह लगातार दिखता रहता है। मेहनत से बचने वाले कई चेहरे ग़ायब भी हो जाते हैं।

जब भी क़ाबिल बनने और कड़ा परिश्रम करने की बात आती है, आसल का भूत हमें धमकाने लग जाता है। ख़ासतौर पर एक्टिंग करने की बात सोचने वाले तो सबसे ज़्यादा ग़लतफ़हमी में रहते हैं। उनको लगता है कि इसमें क्या मुश्किल है...डायरेक्टर स्क्रिप्ट देगा, जिसे वे याद कर के एक्टिंग कर देंगे। वे अपने आपको पहले से ही क़ाबिल मानकर चलते हैं। ऐसे लोगों को सिर्फ़ शक्ल-सूरत

के आधार पर काम मिल भी जाए, तो वे ज़्यादा लम्बा सफ़र तय नहीं कर सकते। क्योंकि आगे उन्हें अपनी क़ाबिलियत साबित करनी होगी।

अपवादस्वरूप कभी किसी अनट्रेण्ड को भी फ़िल्म या सीरियल में काम मिल जाता है। क्यों? सबसे बड़ी वजह कि उसका लुक यानी चेहरा-मोहरा डायरेक्टर की ज़रूरत के अनूरूप है। ऐसे एक्टर काम कैसे कर लेते हैं? इसे भी समझ लीजिए। सबसे पहली बात ये कि सिनेमा एक निर्देशक आधारित (Director Oriented) माध्यम है। इसमें दर्शक वही देख पाता है जो डायरेक्टर दिखाना चाहता है। आपको आश्चर्य होगा कि विश्व के ऐसे कई डायरेक्टर्स हुए हैं जिन्होंने अपनी फ़िल्मों में आम लोगों जैसे वास्तविक सैनिकों, मज़दूरों, मंदबुद्धि लोगों, ग्रामीणों आदि से बख़ूबी काम कराया। डायरेक्टर ने अपनी ज़रूरत के मुताबिक बख़ूबी उन्हें फ़िल्म में काम लिया। यानी डायरेक्टर उनसे अपना काम निकलवा लेता है। डायरेक्टर तो जानवरों से भी काम निकलवा लेते हैं। लेकिन इसका मतलब ये नहीं निकाला जा सकता कि ये सभी एक्टर बन गए, क्योंकि ये शायद ही किसी ने दुबारा किसी दूसरी फ़िल्म में काम किया हो।

उधर थिएटर एक एक्टर आधारित माध्यम (Theatre Based Medium) है। थिएटर में पर्दा उठने के बाद दर्शक समूचे मंच को और उस पर आने वाले तमाम एक्टर्स को देखते हैं। वहाँ क्लॉज़अप्स, मिडशॉट्स, मास्टरशॉट्स आदि नहीं होते। एक बार नाटक शुरू हो जाए तो फिर डायरेक्टर कुछ नहीं कर सकता। सब कुछ एक्टर पर ही निर्भर करता है कि वो अब कैसी प्रस्तुति देता है...अच्छी या बुरी...प्राप्स (Properties) को कितनी सफ़ाई से काम ले पा रहा है...लाइन भूल रहा है या असरदार अंदाज़ में संवाद बोल रहा है...कुछ भूल रहा है तो एक्ट को कैसे संभाल रहा है...(यहाँ तक कि धोती या पाजामें का नाड़ा खुल जाए तो भी स्मार्ट एक्टर बख़ूबी मामला संभाल लेते हैं ☺☺) तो थिएटर जो है, वो एक्टर का माध्यम है।

लेकिन दोनों जगह, भले ही आप सिनेमा करें या थिएटर, अगर आपको लम्बी पारी खेलनी है, बरसों तक काम करना है, तो आपको क़ाबिल और होशियार तो बनना ही होगा। तभी आपको आगे भी काम मिलता चला जाएगा। बिना क़ाबिल बनें आप काम मांगेंगे तो हँसी के ही पात्र बनेंगे। उल्टे फिर आपके अंदर एक निराशा का भाव भी छाने लगेगा कि आप इस क़ाबिल नहीं है और कोई काम नहीं देता। पहले ख़ुद को जाँचिए, परखिए। जहाँ कमी है, उसे दूर कीजिए। फिर मैदान में उतरिए। जीत आपकी होगी।

**नरेश पाँचाल, एक्टिंग कोच,
लोखंडवाला, अंधेरी वेस्ट, मुम्बई।**

29.

एक्टर बनना है?...ये आप ही के हाथ में है!

कई लोग मेरे इनबॉक्स में अपनी ढेर सारी फोटो भेज देते हैं और पूछते हैं-

क्या मैं एक्टर बन सकता हूँ?

मैं किसी को कोई जवाब नहीं देता, आपका फोटो कैसे तय कर सकता है कि आप एक्टर बन सकते हैं या नहीं?

ऊपरी आवरण या शक्ल-सूरत सिर्फ़ दिखावटी चीज़ है। कितने ही ख़ूबसूरत लोग हों, सिर्फ़ उनका फोटो देख कर कोई काम नहीं देगा। इसके लिए ऑडिशन लेकर उनकी प्रतिभा और योग्यता को परखा जाता है। अभिनय अंदरूनी चीज़ है। अभिनय आपकी रग-रग में होना चाहिए। ये भावनाओं से जुड़ी चीज़ है। ये आपकी संवेदना से जुड़ी कला है। अपने अहसास को प्रभावी रूप से सम्प्रेषित करने की कला है।

इसे सीखना भी पड़ता है। जिस भी माध्यम (फ़िल्म, सीरियल, थिएटर) के लिए आप एक्टिंग करना चाहते हैं, उसकी कुछ तकनीकी बातें आपको पता होनी चाहिए। जैसे बिना बैट पकड़े आप बल्लेबाज़ नहीं बन सकते, बिना पानी में उतरे तैराकी नहीं सीख सकते, वैसे ही बिना अभिनय किए आप अभिनेता नहीं बन सकते।

ज़्यादातर लोगों को यही ग़लतफ़हमी होती है कि एक्टिंग में क्या है?

लाइए...हमें कोई डायलॉग दे दीजिए...हम अभी बोल देते हैं। लेकिन जब आप सीखने लगते हैं तो आपको समझ में आता है कि सिर्फ़ संवाद बोल देना ही एक्टिंग नहीं है। बोले गए शब्दों में जान फूंकना एक्टिंग है। लोग वही तो देखने जाते हैं। जो लोग सिर्फ़ फोटो के आधार पर ये तय करना चाहते हैं कि वे एक्टर बन सकते हैं या नहीं, इससे ये भी साबित होता है कि एक्टिंग को लेकर उनकी सोच कितनी सतही है, कितनी उथली है।

किसी से पूछ कर ख़ुद का काम चुनना ये भी दर्शाता है कि आप अपने बचाव के लिए पहले से ही एक ढाल तैयार कर रहे हैं। ताकि कल को अगर कुछ हो नहीं पाया तो अपनी विफलता का दोष उस व्यक्ति पर मढ़ सकें जिसने (आपके पूछने पर) आपको ऐसा करने को कहा। जिसे कुछ करना है, वो औरो से पूछता नहीं फिरता। वो कर देता है। एक्टिंग हर वो इंसान कर सकता है, जो एक्टिंग करना चाहता है। क्योंकि अभिनय हर इंसान का जन्मज़ात गुण है। लेकिन इस गुण को प्रोफ़ेशन बनाना है,

अपना पेशा बनाना है तो ख़ुद को और निखारना होगा, तैयार करना होगा। जो भी मेहनत करता है, पाता है। मुझे तुलसीदास जी की ये चौपाई बहुत सटीक लगती है-सकल पदारथ हैं जग माहीं। करमहीन नर पावत नाहीं। यानी दुनिया में हर चीज़ उपलब्ध है, लेकिन जो करमहीन हैं, कर्म नहीं करना चाहते, उन्हें कुछ नहीं मिलता।

ऐसे लोग दूसरों से आस करते हैं कि वो उनके लिए रास्ता बना दें। ऐसे लोग दयनीय बन जाते हैं और ठाले बैठे सिर्फ़ सोचने-विचारने में वक़्त गवाँते रहते हैं। क़ीमती वक़्त भी निकलता चला जाता है। इसके बजाय अगर ऐसे लोग अपनी मंज़िल तय करके चल पड़ें तो रास्ता स्वतः ही मिलता चला जाएगा। ये बात सिर्फ़ एक्टिंग के लिए ही नहीं, हर क्षेत्र के लिए लागू होती है। भगवान ने सबको अपार क्षमताएं प्रदान की हैं।

आप अपनी ख़ूबियों को पहचानिए। अपनी शक्तियों को पहचानिए। कहीं कोई कमज़ोरी है तो उसे दूर करने के लिए

जी-जान से जुट जाइए। इससे आपका रास्ता आसान होता चला जाएगा। तो कुल मिलाकर ये आप पर ही निर्भर करता है कि आप एक्टर बन सकते हैं या नहीं। अगर आपने ठान लिया कि एक्टर बनना है,

तो बन जाएंगे। प्रयास तो शुरू कीजिए। अभिनय से सम्बंधित जानकारी अधिकाधिक हासिल कीजिए। अभिनय से जुड़ी गतिविधियों से जुड़िए। ये रास्ता बहुत दुश्वारी का है। अगर आपमें हिम्मत है तो हिम्मत कीजिए। हिम्मते मरदां, मददे ख़ुदा।

नरेश पाँचाल, एक्टिंग कोच,
लोखंडवाला, अंधेरी वेस्ट, मुम्बई।

30.

एक्टर बनना है?......कैरेक्टर को ख़ुद पर हावी न होने दें

आप कोई भी कैरेक्टर कर रहे हों, लेकिन ध्यान रखें कि कभी भी कैरेक्टर को ख़ुद पर हावी न होने दें। कई लोग कहते हैं कि वे तो कैरेक्टर में घुस जाते है...पूरी तरह कैरेक्टर में डूब जाते हैं। अगर ये सच होगा तो ऐसा एक्टर डायरेक्टर के 'कट' बोल देने के बाद भी उस कैरेक्टर से बाहर नहीं आ पाएगा। शॉट ओके हो जाने के बाद भी वो उसी फ़ीलिंग में देर तक बना रहेगा। जैसे रो रहा है तो रोता ही रहेगा या गुस्से में है तो गुस्सा करता ही रहेगा। कैरेक्टर में घुस जाने वाले एक्टर कई बार ख़ुद को भी चोट पहुँचा लेते है। कई बार दूसरे साथी अभिनेताओं को भी चोटिल कर डालते है, क्योंकि उन्हें ख़ुद का होश नहीं रहता। मारपीट के सीन में तो इस तरह के एक्टर आपा खो बैठते हैं। ऐसे एक्टर ख़तरनाक होते हैं।

अच्छा एक्टर वो ही है जिसे हर वक़्त ये अहसास रहता है कि वह क्या कर रहा है। उसका अपने इमोशन्स और अंग संचालन पर पूर्ण नियंत्रण रहना चाहिए। कहाँ उसे चलना है, कहाँ उसे रुकना है, किस तरफ़ मुड़कर क्या करना है, मार्क, फ्रेम, लाइट्स, कैमरा आदि हर चीज़ का भी ध्यान रखना है। इतने सारे पहलुओं का ख़याल रखने के बाद, फिर सहजता से अभिनय भी करना है। यही अनुभवी एक्टर की पहचान है। जैसे ही डायरेक्टर बोले-'एक्शन'...उसे अपना एक्ट शुरू करना है और फिर 'कट' बोलते ही सहजता से एक्ट को रोक देना है। यही समझदार एक्टर की पहचान है। ऐसे ही एक्टर

की तारीफ़ होती है और लोग भरोसा करते हैं। अच्छा एक्टर बनने के लिए कैरेक्टर में ढलने के बाद इमोशन्स पर नियंत्रण रखना भी सीखिए। कई तरह की एक्सरसाइज़ेज़ को करते-करते आप सहजता से ये ख़ूबी हासिल कर सकते हैं।

नरेश पाँचाल, एक्टिंग कोच,
लोखंडवाला, अंधेरी वेस्ट, मुम्बई।

31.

एक्टर बनना है?...जिस्म के दलालों से बच के रहना! (Part-I)

(ख़ासतौर से उन लड़कियों के लिए जो शॉर्टकट के चक्कर में पड़ती हैं।)

"आपको सिलेक्ट कर लिया है...हमारी अगली फ़िल्म की हीरोइन आप ही हैं...

लेकिन आपको कॉम्प्रोमाइज़ करना पड़ेगा...आप तैयार हैं?"

ये ऐसा सवाल है, जिसका सामना आजकल अमूमन हर उस लड़की को करना पड़ रहा है, जो एक्टर बनना चाहती है। ये आसान रास्ते का एक जाल है, जो उस लड़की पर फैंका जाता है। एक्टर बनने की ख़ातिर सबसे ख़तरनाक स्थिति ऐसी ही लड़कियों की होती है, जो शॉर्टकट में भरोसा करती हैं। वो जिस्म दलालों के चंगुल में फँस जाती हैं। फिर उनकी ज़िंदगी बर्बादी के रास्ते पर चल पड़ती है।

उस रास्ते पर थोड़ा-बहुत पैसा भले ही मिल जाए, लेकिन नाम नहीं मिलता। क्योंकि ये रास्ता ही बदनामी का है। ये सब शुरू होता है कॉम्प्रोमाइज़ (Compromise) के नाम पर। यानी एक शर्त, जो बेहिचक भावी एक्ट्रेस के सामने रखी जाती है। लड़की को ललचाया जाता है कि हम तुम्हें फ़िल्म या सीरियल में काम देंगे, बदले में तुम्हें फ़लाँ-फ़लाँ के साथ कॉम्प्रो (Short form of Compromise) करना पड़ेगा।

इसका सीधा-सीधा मतलब ये है कि उस लड़की को काम के बदले उन लोगों के साथ शारीरिक सम्बंध बनाना पड़ेगा। जबकि यह झूठा ऑफ़र होता है। लेकिन शॉर्टकट के चक्कर में कई लड़कियाँ इन दलालों के झाँसे में आ जाती हैं। एक्टर बनने का सपना नित नई चादरों पर चकनाचूर होने लगता है।

वहीं जो लड़कियाँ इन झाँसेबाज़ों के जाल से बच गईं और जो प्रतिभाशाली हैं, वो देर-सवेर फ़िल्मों और सीरियल्स में काम हासिल कर लेती हैं। नाम-सम्मान भी कमाती हैं और पैसा भी। ऐसा क्यों और कैसे होता है?

इसके लिए कुछ समझ लीजिए। जवाब आपको मिल जाएगा। ये बहुत बड़ा तथ्य है कि आजकल सीरियल्स और फ़िल्में करोड़ों में बनते हैं। यहाँ तक कि कई मेगा सीरियल्स का बजट तो फ़िल्मों की लागत से भी ज़्यादा होता है। डायरेक्टर, प्रोडक्शन हाउस और प्रोड्यूसर सबके नाम और पैसे दांव पर लगे होते हैं। उनकी सारी कोशिशें यही होती हैं कि उनका प्रोजेक्ट अच्छा चल जाए। लोगों की तारीफ़ मिले, तो उनका क़द भी बढ़े। लागत के बाद अच्छा मुनाफ़ा भी हो।

आजकल किसी भी ऐसे प्रोजेक्ट का मालिक कोई एक जना नहीं होता। कई लोग उसमें सामूहिक रूप से मिलकर पूरा करते हैं। यानी कई प्रोड्यूसर या फ़ाइनेन्सर होते हैं। यहाँ तक कि मुख्य कास्टिंग का निर्णय भी एकतरफ़ा नहीं, बल्कि सामूहिक होता है। अब ज़रा सोचिए। क्या कोई भी डायरेक्टर या प्रोड्यूसर सिर्फ़ इसीलिए किसी को हीरोइन बना देगा क्योंकि वो उसके साथ हम-बिस्तर हो गई?

क्या वो अपना करोड़ों रुपए का प्रोजेक्ट उसके साथ कुछ चंद घंटे बिताने पर कुर्बान कर देगा? या प्रोजेक्ट के बहुत सारे प्रोड्यूसर हैं तो सब लोग उस लड़की को स्वीकार कर लेंगे?

कतई नहीं। ये भयंकर ग़लतफ़हमी है। काम हमेशा एक्टिंग प्रतिभा और कैरेक्टर से लुक्स मिलने पर ही मिलता है। मुझे दुख होता है जब कई लोग फ़िल्मों या सीरियल में काम कर रही

एक्ट्रेसेज़ के लिए कहते हैं कि सबको कॉम्प्रोमाइज़ से ही काम मिला है। अजीब सोच है। घटिया और घिनौनी। ऐसा कहने वालों में वो भी लोग होते हैं जिनका एक्टिंग से दूर-दूर तक कोई ताल्लुक नहीं है। या जो एक्टर बनने आए थे, लेकिन दाल नहीं गली। जिनको ज़रा सा भी ये अहसास नहीं है कि कितनी मेहनत करनी होती है एक्टर बनने के लिए।

लेकिन लोग इतना पक्का दावा करके कहते हैं जैसे उन्होंने सब-कुछ अपनी आँखों से ही देखा हो। धिक्कार है ऐसी बेतुकी सोच पर। कुछ इज़्ज़त से भी देख लीजिए इन चेहरों को। मत भूलिए कि उन्होंने भी गिद्ध दृष्टियों का सामना किया है। उन्हें भी दलालों ने घेरने की कोशिश की है। उन्हें भी ललचाने वाले ऑफ़र मिले हैं। उनकी कला को समझने के बजाय उनके जिस्म का भाव करने वाले उन्हें भी मिले होंगे। लेकिन जिसने ये समझ लिया कि ये सब शॉर्टकट, गर्त का रास्ता है, वो बच निकलीं। उनका पर्दे तक का सफ़र, बिस्तर से होकर नहीं, बल्कि मेहनत, लगन, जुनून और धैर्य की कसौटी पर कसकर गुजरा है।

सोचिए...परिवार और समाज के कितने रोड़े पार करके वे यहाँ तक पहुँची हैं। उनकी हौंसला अफ़जाई के बजाय

इस तरह की बातें उन्हें भीतर से तोड़ती हैं, कचोटती है। लेकिन हाँ, उतना ही कड़वा सच भी ये है कि आजकल ऑडिशन पर जाने वाली नई एक्टर्स को ऐसे बहुत लोग मिलते हैं और कॉम्प्रो करने पर काम दिलाने की गारंटी देते हैं।

मैं सेल्यूट करता हूँ उन एक्ट्रेसेज़ को जो अपने ऐसे अनुभव फ़ेसबुक और वॉट्सएप पर ग्रुप्स में डालती हैं कि कैसे उनका सामना किसी दलाल से हुआ और वह कैसे बच निकलीं। ऐसा करके वे दूसरों को धोखा खाने से बचाती हैं। वे बहादुर हैं।

दरअसल कई दलाल आज झूठे कोर्डिनेटर बन बैठे हैं, झूठे कास्टिंग डायरेक्टर, टैलेन्ट मैनेजर, प्रोड्यूसर या समाजसेवी टाइप के "अंकल" बन बैठे हैं। इंडस्ट्री के अच्छे लोगों को इन फ़र्ज़ी लोगों

ने बदनाम कर रखा है। (हालाँकि दलाल टाइप मानसिकता के चंद लोग कई प्रोडक्शन हाउसेज़ में भी मिल जाते हैं, लेकिन अपनी ये शातिरगिरी वे व्यक्तिगत स्तर पर ही करते हैं। कॉम्प्रोमाइज़ शब्द प्रोडक्शन हाउस की पॉलिसी में नहीं होता।)

इन दलालों की नज़र आपके टैलेन्ट पर नहीं होती। सिर्फ़ जिस्म पर होती है। एक बार जैसे ही आपने कॉम्प्रोमाइज़ के लिए हामी भरी, इनकी नज़र में आपकी इज़्ज़त झट उतर कर पैरों तले आ जाती है। फिर आप उनकी नज़र में एक्टर नहीं, बल्कि 'कुछ और' हो जाते हैं जो आप भी समझते हैं। बस इतना ही कहूँगा...सतर्क रहिए। कोई कॉम्प्रो की बात करे तो उल्टे मुँह जवाब दीजिए। उसके खिलाफ़ बोलिए...चुप मत रहिए। अपने टैलेन्ट पर भरोसा कीजिए।

कभी वक़्त लग जाता है। धैर्य रखिए। अच्छे लोग हैं इंडस्ट्री में। उन्हीं के बारे में सोचिए। आपको भी मिलेंगे। इस मसले के अभी कई पहलू और पेंच बाक़ी हैं। कुछ और बातें अगली पोस्ट में। मेरी शुभकामनाएं।

नरेश पाँचाल, एक्टिंग कोच,
लोखंडवाला, अंधेरी वेस्ट, मुम्बई।

32.

एक्टर बनना है?...जिस्म के दलालों से बच के रहना! (Part-II)

(ख़ासतौर से उन लड़कियों के लिए जो शॉर्टकट के चक्कर में पड़ती हैं।)

पिछली पोस्ट में मैंने उन लड़कियों को चेताया था जो फ़िल्मों और सीरियल्स में काम करने की ख़ातिर शॉर्टकट अपनाती हैं और धीरे-धीरे उसी गर्त में फँसी रह जाती हैं। ऐसे कई जिस्म के दलाल हैं जो ख़ुद को कास्टिंग डायरेक्टर या कोर्डिनेटर कहते हैं और उनकी नज़र लड़कियों की एक्टिंग पर नहीं, बल्कि उनके शरीर पर होती है। इसकी एक बानगी 5 अगस्त 2015 के एक समाचार से आपको मिल जाएगी। ये समाचार Times of India, Mumbai Mirror समेत कई अख़बारों में है। समाचार के अनुसार लड़की को जिस्म फ़रोशी के जिस दलाल से छुड़ाया गया है, वो अपने आप को कास्टिंग डायरेक्टर बताता है। समाचार के अनुसार यह लड़की टीवी सीरिल्स में कुछ काम कर चुकी है। कुछ विज्ञापन भी किए हैं। (हालाँकि क़ानूनी रूप से लड़कियों को इन दलालों के चंगुल से छुड़वाना या बचाना (RESCUED) बताया जाता है, लेकिन शॉर्टकट के चक्कर में लड़कियाँ ख़ुद ही ऐसे मामलों में फँस जाती है।) सोचिए...अगर शरीर किसी को सौंपने से फ़िल्मों या सीरियल में काम मिल जाता है तो फिर ये दुर्दशा क्यों होती है? उन्हें तो फिर काम मिलते ही रहना चाहिए...क्यों ऐसी लड़कियाँ बाद में पाई-पाई

की मोहताज हो जाती हैं और इन दलालों के इशारों पर नाचने को मजबूर हो जाती हैं।

दरअसल ऐसे दलाल लोग आपको ऑडिशन के लिए कुछ जगह लेकर जाएंगे। अपनी अच्छी जान पहचान का हवाला देंगे। कई तो बड़े-बड़े एक्टर्स और डायरेक्टर्स से दोस्ती का हवाला देकर भी ललचाते हैं। इसके बाद आपको घुमाते फिरेंगे। कुछ ऑडिशन भी दिला देंगे (जिनकी जानकारी वैसे भी आजकल फ़ेसबुक पर भी होती है)। जैसे ही लड़की काम के बदले कॉम्प्रो (शारीरिक सम्बंध) के लिए तैयार होती है सबसे पहले ये लोग अपना उल्लू सीधा करते हैं। फिर प्राइवेट मीटिंग के नाम पर होटलों या मुम्बई से बाहर ले जाने का सिलसिला शुरू होता है। कुछ पैसे भी मिलने लगते हैं। ज़िंदगी कुछ आरामदायक सी होने लगती है। इस दौरान अगर किसी ऑडिशन से आपको छोटा-मोटा काम भी मिल जाए तो उसका क्रेडिट ये कथित कोर्डिनेटर ख़ुद लेते हैं कि उन्होंने दिलाया। (जबकि एक्टिंग में जहाँ भी आपको काम मिलेगा वो टैलेंट होगा तब ही मिलेगा।) आपका उस आदमी (दलाल) पर भरोसा बढ़ जाता है और वे अपना उल्लू सीधा करते रहते हैं। तो इस तरह एक्टिंग का सपना पीछे छूट जाता है। लाइफ़ स्टाइल बदल जाती है। आए दिन ऐसी ख़बरें आती रहती है-"पुलिस ने छापा मारकर सेक्स रैकेट का भण्डाफोड़ किया... कुछ कस्टमर के साथ कॉल-गर्ल्स को पकड़ा...इनमें से कुछ फ़िल्मों या सीरियल्स में छोटे-मोटे रोल भी कर चुकी हैं..."

ये क्यों ऐसा कर रही हैं? पिछले साल एक ऐसी ही एक्ट्रेस की ख़बर ने दिलो-दिमाग़ को झकझोर दिया था। उसे भी एक सेक्स रैकेट के छापे में पुलिस ने पकड़ा था और उसने स्वीकार भी किया था कि हाँ, पैसे के लिए उसे यह करना पड़ा। इस एक्ट्रेस को बचपन में बेस्ट चाइल्ड एक्टर का अवार्ड मिला था। ज़रा सोचिए... पैसे के लिए अनजान ग्राहकों को अपना शरीर सौंप देने वाली इन लड़कियों को क्यों फ़िल्मों या सीरियल्स में काम नहीं मिलता रहता। जबकि इनके इस स्तर से साफ़ है कि इनके लिए कॉम्प्रो कोई बड़ी बात नहीं।

ध्यान दीजिए। आप जिन दलाल टाइप के कोर्डिनेटर, कास्टिंग डायरेक्टर या अन्य लोगों पर भरोसा कर लेती हैं, दरअसल उनकी कोई औक़ात नहीं कि वे किसी सीरियल में आपको लीड रोल दिला दें। या फ़िल्म की हीरोइन बना दें। यहाँ तक कि आजकल तो कास्टिंग डायरेक्टर भी मुख्य किरदारों के सिलेक्शन के दायरे से बाहर रहता है। कास्टिंग डायरेक्टर ऑडिशन की प्रक्रिया पूरी कर के कुछ चयनित (Short Listed) एक्टर्स की सूची प्रोडक्शन हाउस को सौंप देता है। वहाँ पूरा पैनल कलाकारों का चयन करता है। या फिर आजकल चैनल वाले खुद भी लीड चेहरे चुनने लगे हैं। (ये सब बातें प्रोफ़ेशनल स्तर पर होने वाली प्रक्रिया की है)। तो ज़रा सोचिए...सड़क पर मिले उस शख़्श की क्या औक़ात है जो आपको कॉम्प्रोमाइज़ कराकर काम दिला दे। ज़रा बचके रहना।

नरेश पाँचाल, एक्टिंग कोच,
लोखंडवाला, अंधेरी वेस्ट, मुम्बई।

33.

एक्टर बनना है?.....गला हमेशा तैयार रखें!

एक्टर्स को कई ऐसे सीन भी करने पड़ते हैं, जिनमें उन्हें अपने भीतर के दर्द को कलेजा चीर देने वाले अंदाज़ में बयाँ करना होता है। इंसान के सामने अकस्मात् ऐसे हालात पैदा हो जाते हैं, जब वो परिस्थितियों के सामने बौना पड़ जाता है।

दर्द, घुटन, पीड़ा, दुख, निराशा, हताशा के ख़याल दिमाग़ को हिला-हिलाकर कुंद कर डालते हैं। फिर ये भीतर का दर्द कई बार जब बाहर निकलता है तो लगता है मानों ज्वालामुखी फट पड़ा हो। दर्द का लावा आक्रोश में तब्दील हो जाता है।

जैसे 'माँझी-द माउंटेन मैन' का ओपनिंग सीन ही देख लीजिए, जिसमें नवाज़ुद्दीन सिद्दीक़ी अपनी पत्नी की मौत के बाद कैसे अपने अपने दर्द की घुटन को पहाड़ पर निकालते हैं। वहाँ उनका आक्रोश देखिए...कैसे कलेजा फ़ाड़ कर वो पहाड़ पर चिल्लाते हैं, उस पर पत्थर फैंकते हैं। लेकिन ये चिल्लाना सिर्फ़ चिल्लाना नहीं है। उसमें पत्नी को खो देने के दर्द से भीगी परतें हैं। आवाज़ और भावों का बहुत मज़बूत कनेक्शन है, जो दर्शकों के दिलों तक जा पहुँचता है।

यही एक अच्छे और सच्चे कलाकार की ताक़त है कि वो किसी झूठी बात (जो सच में उस पर नहीं गुज़री है) को इतनी सच्चाई से बयाँ करें कि दर्शकों को सच लगे। कई फ़िल्मों में ऐसे सीन होते हैं, जिनमें एक्टर्स को बहुत ज़ोर-ज़ोर से चिल्लाना होता है। बहुत दुर्लभ

होते हैं इस तरह के सीन और कोई क़ाबिल एक्टर ही बख़ूबी इन्हें कर सकता है। क्योंकि इसके लिए आवाज़ पर काम करना होता है।

गले को इतनी ताक़त झेल पाने जितना तैयार करना पड़ता है। वरना अगर बिना किसी प्रशिक्षण के बस आप ज़ोर से चिल्ला दिए, ये सोच कर कि इसमें क्या बड़ी बात है, तो लेने के देने पड़ सकते हैं। क्योंकि इससे आपका वोकल कोर्ड ख़राब हो सकता है। (Vocal Cord may get damaged) हमेशा के लिए भी। गला बैठ सकता है। आवाज़ जा सकती है।

इसलिए अगर आपको एक्टर बनना है तो गले के साथ कभी कोताही न बरतें। उसे बेरहमी से काम न लें। (don't abuse vocal cord) उसे इतनी सशक्त अभिव्यक्ति (Powerful Performance) के लिए उचित प्रकार से तैयार करने के बाद ही आप प्रस्तुति दें।

मैंने भी अभी एक ऐसा ही स्क्रिप्ट अपने स्टूडेन्ट्स से कराया। लेकिन इसे पहले कम से कम दो हफ़्तों तक, रोज़ाना कुछ देर हमनें आवाज़ पर काम करके उसे परिपक्व किया। इन एक्सरसाइज़ेज़ के बाद ऊँचे सुर पर गला फटता नहीं। आमतौर पर जब ऊँचे सुर में बोलते हैं तो शब्द समझ में नहीं आते। यानी उच्चारण साफ़ (Clarity) नहीं रह पाता। इस पर भी काम किया गया। तब जाकर ये स्क्रिप्ट किया। मेरा दावा है कि इतना पावरफुल स्क्रिप्ट कर लेने के बाद आपका डर निकल जाता है। फिर किसी भी तरह का स्क्रिप्ट करने के लिए आप तैयार और तत्पर रहेंगे। यही ट्रेनिंग का कमाल है। आपको यही सलाह दूंगा कि अगर आप एक्टर हैं तो गले को हमेशा तैयार रखिए। कई बार बहुत धीमी आवाज़ में भी काम करना होता है। सीन इस प्रकार का हो सकता है जब आप बहुत धीमें बोल रहे हों। अगर गला सधा हुआ नहीं है तो आपकी आवाज़ ही ढंग से सही नहीं निकलेगी। थ्रो नहीं होगा। या आवाज़ में कंपन होगा, जो सही नही माना जाता।

धीमें स्वर में भी गले को सधा हुआ और नियंत्रण में रखना आपकी ज़िम्मेदारी है। इसीलिए गले को हमेशा हर तरह के सुर के लिए तैयार रखिए। बराबर एक्सरसाइज़ेज़ कीजिए। ताकि हर शूट

पर आप भली प्रकार से डायलॉग डिलीवरी कर सकें। आवाज़ में दम रहेगा, तो एक्टिंग में भी दम आएगा।

नरेश पाँचाल, एक्टिंग कोच,
लोखंडवाला, अंधेरी वेस्ट, मुम्बई।

34.

एक्टर बनना है!...बिना मेहनत किए काम की गारंटी चाहिए?

काफ़ी लोग एक्टिंग सीखना चाहते हैं। इनक्वायरी भी करते हैं। लेकिन ज़्यादातर ऐसे होते हैं जो कहते हैं कि उन्हें कोर्स ख़त्म करने के बाद काम की गारंटी चाहिए। मैं उनसे साफ़ कह देता हूँ कि काम के लिए मेरे पास मत आइए। काम तो प्रोडक्शन हाउस देते हैं। आप बिना कोर्स किए भी तो काम के लिए ऑडिशन दे ही सकते हैं। देते रहिए। जब ख़ुद को साबित कर दोगे, काम मिल जाएगा। हाँ...अगर आपको लगता है कि आपको एक्टिंग स्किल सुधारना है। एक्टिंग टैक्नीक्स सीखनी हैं। ऑडिशन देना सीखना है। अपनी आवाज़, भाषा और उच्चारण पर काम करना है। कैमरे के सामने एक्टिंग सीखना है। बॉडी लैंग्वेज के बारे में जानना है।

कैरेक्टर के अनुरूप बॉडी लैंग्वेज में ढलना सीखना है। आपको ख़ुद की छुपी हुई क्षमता और योग्यता को जानना-समझना है। आत्मविश्वास बढ़ाना है। एक्टिंग के दौरान आवश्यक भावों (Emotions) से आसानी से जुड़ जाने या कैरेक्टर में समा जाने (Get into the skin of the character) की टैक्नीक्स सीखनी है, तभी आप क्लास ज्वाइन कीजिए।

आपको अगर किसी ट्रेनर की ज़रूरत है, तो मैं आपके लिए मौजूद हूँ।

एक्टिंग क्लास के दौरान सारी ट्रेनिंग चूंकि आपके लिए है, मेरे लिए नहीं। इसलिए आपको कठोर परिश्रम करने के लिए तैयार

रहना होगा। आपकी सफलता आपकी मेहनत, एकाग्रता, अनुशासन और सीखने की ललक पर निर्भर करती है। आप क़ाबिल बन जाएंगे तो काम भी मिलेगा और नाम भी। एक ने पूछा कि क्या मैं उसे प्रोडक्शन हाउसेज़ में ले-लेकर जाऊंगा? मैंने उसे साफ़ इनकार करते हुए यही कहा कि मैं आपको बिल्ली के बच्चों की तरह यहाँ-वहाँ घुमा नहीं सकता। मैं सिर्फ़ क्लास में ट्रेनिंग देता हूँ, लेकिन आपका दायरा ज़रूर विस्तृत कर सकता हूँ।

ताकि आप ख़ुद काम हासिल कर सकें। जब कोई आपको काम दे दे, तो आप शूटिंग के सेट पर अपने आप को साबित कर सकें, ये क़ाबिलियत आपको दे सकता हूँ। मेरी सारी ट्रेनिंग सिर्फ़ ज्ञान और अनुभव से जुड़ी है। आप ढेर सारी एक्सरसाइज़ेज़ ख़ुद करेंगे। इससे एक एक्टर के रूप में आपका मस्तिष्क विकसित होगा। आपका शरीर उस विशिष्ट अनुभव के अनुरूप ख़ुद को ढालना सीखेगा। तो सीखने की ये सारी प्रक्रिया ज्ञान से जुड़ी है। इसलिए इसकी क्या गारंटी दूं। ज्ञान कोई जूसर मिक्सर या टीवी नहीं है, जिसकी गारंटी दी जाए, दो-तीन साल की। ज्ञान तो आप जितना उपयोग करेंगे उतना दिन-दूना रात चौगुना बढ़ता है। जो भी आप सीखेंगे वो तो जीवनभर आपके साथ रहने वाला है।

आपमें अगर श्रद्धा है सीखने की। आप भरोसा करते हैं। आपको ज़रूरत है सीखने की तभी आप मेरे पास आएं। अगर आप वक़्त के पाबंद नहीं हैं, तो कृपया आप मत आइए। अगर हल्की सी बारिश भी आपको क्लास तक आने में रोक सकती है, तो कृपया मत आइए। अगर एक्टिंग सीखना आपकी प्रायोरिटी में सबसे ऊपर नहीं है, तो कृपया मत आइए। अगर आप आत्मअनुशासित नहीं हैं तो कृपया मत आइए।

अगर आप पैरेन्ट्स को बिना बताए आ रहे हैं, तो कृपया मत आइए। अगर आप क्लास के दौरान अपना मोबाइल स्विच ऑफ़ नहीं कर सकते, तो कृपया मत आइए। अगर आप अपने दोस्तों या रिश्तेदारों के साथ समय बिताने के लिए क्लास बंक कर सकते हैं तो पया मत आइए। अगर आपके पैरेन्ट्स आपको

एक्टर बनाना चाहते हैं और आपकी इच्छा नहीं है, तो कृपया आप मत आइए।

आप टाइमपास के लिए क्लास ज्वाइन करना चाहते हैं, तो कृपया आप मत आइए। वरना आप ख़ुद का भी वक़्त बर्बाद करेंगे और मेरी भी ऊर्जा भी व्यर्थ नष्ट करेंगे। हाँ, अगर आप सीखने की महत्ता और उपयोगिता समझते हैं, तो आपका मेरी क्लास में स्वागत है। आपमें एक्टिंग के प्रति सच्ची लगन और उत्साह है तो आइए। आप सीखने को उत्सुक सच्चे विद्यार्थी का भाव है तो आपका स्वागत है।

नरेश पाँचाल, एक्टिंग कोच,
लोखंडवाला, अंधेरी वेस्ट, मुम्बई।

35.

एक्टर बनना है?...ज़मीन बेचकर मुम्बई मत आइए!

(उन लोगों के लिए जो मुम्बई आना चाहते हैं।)

मेरे नज़र में ऐसे कम से कम तीन-चार मामले हैं, जब कुछ लोग एक्टर बनने के लिए अपनी पुश्तैनी ज़मीनें बेच-बेच कर मुम्बई चले आए। अभी वे कहाँ हैं, मुझे कोई जानकारी नहीं। माया नगरी का ये बहुत डरावना सच है। एक्टर बनने का सपना उन्हें पहले मजबूर और फिर मज़दूर बना देता है। (ऐसा सबके साथ नहीं होता, लेकिन बहुत लोगों के साथ यही होता है।) मैं, डरा नहीं रहा। सिर्फ़ उन लोगों की आँखें खोल रहा हूँ, जो आर्थिक रूप से ज़्यादा सक्षम नहीं हैं, लेकिन मुम्बई आने पर तुले हैं। बेटे की ज़िद के आगे माता-पिता झुक जाते हैं और अक्सर जो उनके पास था, उसे भी गवाँ बैठते हैं।

मोटा लोन ले लेते हैं, जो चुक नहीं पाता। तीन-चार साल पहले एक निम्न मध्यमवर्गीय स्टूडेन्ट के पिता ने ज़मीन बेचकर उसे मुम्बई भेजा। दूसरे ख़र्चे भारी पड़े तो एक-दो महीने में ही लौट गया। एक स्टूडेन्ट ने बताया था कि किराए के पैसे कम पड़े तो मोटरसाइकिल बेच दी। अभी कुछ दिन पहले (वर्ष 2015) किसी ने मेरी एक पोस्ट पर लिखा कि वो अपने दादाजी की ज़मीन बेचकर मुम्बई आ रहा है। मैंने उसे कहा कि ऐसा मत करो। ये बिल्कुल ग़लत है। मुम्बई आना है तो ख़ुद कमाई करो और फिर आओ। कमाई के लिए एक साल का वक़्त और ले लो। पता नहीं, वो क्या

करेगा। लेकिन मुझे लगता है कि पता नहीं कितने और लोग एक्टर बनने के लिए अपनी ज़मीन, ट्रैक्टर, बाइक आदि बेच रहे होंगे। मैं इस बात का कतई समर्थन नहीं करता।

हाँ, मैं इस बात का भरपूर समर्थन करता हूँ कि हर किसी को सपने देखने का पूरा हक़ है, भले ही वो दूर-दराज़ के किसी गाँव का युवक या युवती ही क्यों न हों। ये भी उतना ही सच है कि कुछ बड़ा करना है तो रिस्क उठाना होगा। जिन्होंने रिस्क उठाने का सोचा वे अक्सर सफल होते है। लेकिन याद रखिए कि रिस्क उठाने और बेवकूफ़ी करने में बहुत फ़र्क़ होता है। आपने अगर ठान लिया है कि आपको एक्टर बनना है और इसके लिए मुम्बई कूच करना है।

लेकिन सिर्फ़ अपनी ज़मीन बेचकर आने से तो यहाँ आपकी ज़मीन तैयार नहीं होगी। उल्टे आसमां तले आने का ख़तरा है। इसके बजाय आप एक नपा-तुला रिस्क (Calculated Risk) उठाने की तैयारी कीजिए। प्लान बनाइए कि आपके सामने क्या-क्या समस्याएं आ सकती है। ख़र्च का मोटा-मोटा अनुमान लगाइए। पैसा अगर कम पड़ रहा है तो कुछ वक़्त और लीजिए। क्योंकि जैसा आप सोच रहे हैं कि मुम्बई फ़िल्म इंडस्ट्री आपकी बाट जोह रही है, ऐसा कुछ नहीं है।

यहाँ कोई किसी को पूछने वाला नहीं है। जो आता है उसे ख़ुद अपनी जगह बनानी पड़ती है। इसलिए अगर आप पैसा इकट्ठा करने में एक-दो साल भी लगा देते हैं तो यहाँ कोई आपको मिस (Miss) नहीं करने वाला। अगर आपको लगता है कि एक-दो साल में तो आप बूढ़े हो जाएंगे तो ऐसा भी नहीं है। यहाँ चालीस-पचास साल तक के एक्टर हीरो बन-बनकर आ रहे हैं। रही बात एक्टिंग की तो कोई बूढ़े होने तक भी एक्टिंग कर सकता है। इसलिए अपना सपना साकार करने ज़रूर आइए, लेकिन पूरी तैयारी के साथ।

क्योंकि एक्टर बनने का जो सपना है वो बड़ा रिस्की (risky) है। कोई निश्चिततता (surety) नहीं है। यहाँ कुछ भी तय नहीं है। यहाँ कोई रिश्वत नहीं चलती है, यानी पैसे देने से कोई आपको काम नहीं देने वाला। यहाँ सिर्फ़ टैलेन्ट चलता है। काम मिलने

और कामयाबी के लिए भी धैर्य और मज़बूत कलेजा चाहिए। सिर्फ़ झोला उठाकर यहाँ मत चले आइए। पूरी प्लानिंग कीजिए। योजना बनाइए। सबसे पहले तो जिनकी पढ़ाई बाक़ी है, वो पढ़ाई पूरी करें। कम से कम गैजुएशन तो करें। क्योंकि आज के दौर में एक्टर्स के लिए शिक्षा बहुत ज़रूरी हो गई है।

उन्हें सिर्फ़ एक्टिंग ही नहीं करना होता, आजकल फ़िल्म के प्रोमोशन के लिए भी कई जगह जाना पड़ता है। टीवी सीरियल के एक्टर्स को भी टीवी एंकर्स से बात करनी होती है। इंटरव्यू देने होते हैं। टीवी शोज़ में भाग लेना होता है। तो ऐसे मौक़ों पर आपकी पढ़ाई, आपकी शिक्षा ही आपकी सबसे बड़ी ताक़त होती है। कम पढ़े लिखे लोग भी एक्टर तो बन जाते हैं, लेकिन उनकी तरक़्क़ी पढ़े-लिखे एक्टर्स के मुक़ाबले कम हो पाती है। (हालाँकि कुछ अपवाद भी हैं। जैसे कपूर ख़ानदान के कई एक्टर ज़्यादा पढ़े लिखे नहीं है। लेकिन ऐसे मामले बिरले ही हैं।)

दूसरी बात है पैसे की। इसके लिए कुछ वक़्त लेकर जमकर कमाइए। जब पर्याप्त पैसा आ जाए, तब ही मुम्बई का रुख करें। संस्कृत की एक सूक्ति मुझे याद आ रही है-"विदेशस्य धनम् मित्रम्" यानी विदेश या परदेस में पैसा ही आपका मित्र होता है। तो हर पहलू को सोचकर तैयारी कीजिए। यहाँ रहने, खाने, जिम, आटो भाड़ा जैसी मोटी-मोटी ज़रूरतें ही बहुत महंगी पड़ती हैं। ज़रा सोचिए, आपके शहर में शायद 8 या 9 हज़ार रुपए में आपको बड़ा सा मकान महीने भर के लिए किराए से मिल जाए। यहाँ इतने पैसों में तो सिर्फ़ आपको पेइंग गेस्ट यानी शेयरिंग में एक कमरे में रहने को मिलेगा। आपको दो या तीन जनों के साथ रहना पड़ेगा। इलाके के हिसाब से पेइंग गेस्ट इससे सस्ता या महंगा भी हो सकता है। इसके अलावा दूसरे और भी ख़र्चे हैं। इसलिए क़दम बढ़ाइए, लेकिन सोच समझकर। इस मामले में भावनाओं के बजाय, बुद्धिमानी से काम लेंगे तो आपका रास्ता आसान हो जाएगा। जयहिन्द।

**नरेश पाँचाल, एक्टिंग कोच,
लोखंडवाला, अंधेरी वेस्ट, मुम्बई।**

36.

एक्टर बनना है?.....शारीरिक और मानसिक जड़ता से मुक्ति ज़रूरी!

जड़ता हमें निर्जीव सा कर देती है। दायरे में सीमित कर देती है। कुछ लोग इस ज़ड़ता का नामकरण करके 'अंतर्मुखी' (introvert) लिखी नेमप्लेट गले में टांग लेते हैं। कुछ 'शर्मिला' या फिर 'संकोची' जैसे अलंकरणों की माला पहन लेते हैं। कुछ 'गंभीर' होने का लबादा ओढ़ लेते हैं तो कुछ 'चिंतक' होने की आड़ में लम्बा चेहरा सा चेहरा बनाकर बैठे रहते हैं। वहीं कुछ बहिर्मुखी, स्मार्ट, एक्टिव, ब्रिलियन्ट जैसे तड़तड़ाते उपनामों के तमग़े लगाकर इठलाते नज़र आते हैं। दरअसल ये सब अलंकरण, उपाधियाँ और तमग़े आपको एक ख़ास प्रकार के बक्से में बंद कर देते हैं। ये शब्द आपको जीवनभर एक ही तरह की ज़िंदगी जीने को मजबूर कर देते हैं। क्योंकि परिवार के लोग, दोस्त और दूसरे परिचित आपको किसी एक ख़ास गुण या अवगुण (या प्रवृत्ति) का भंडार बताकर आपकी कंडीशनिंग कर देते हैं। ये सिलसिला बचपन से चलता है। इस कंडीशनिंग में 'गधा' 'बेवकूफ़' 'पनौती' 'मूर्ख' 'करमठोक' 'कामचोर' जैसे कई शब्द भी होते हैं। छोटी सी किसी बात पर जब ऐसा कोई भी शब्द बार-बार ख़ुद के लिए सुनते हैं, तो धीरे-धीरे उस शब्द को हमारा दिमाग़ स्वीकार कर लेता है कि हाँ...हम वैसे ही हैं। जैसे ही दिमाग़ किसी एक शब्द को हमारी पहचान के रूप में स्वीकार कर लेता है फिर हमारे आस-पास का सारा आलम वैसा ही होने लगता है। हम वैसा ही व्यवहार करने लगते हैं जैसा हमने स्वीकार कर लिया है। ये

सब अपने आप होने लगता है। और हम ख़ुद कई बार अचंभे में पड़े रहते हैं कि ऐसा कैसे हो रहा है? लेकिन अब ऐसा ही होता रहेगा क्योंकि आपके अवचेतन मन (sub-conscious mind) ने उसे स्वीकार कर लिया है। ये मत सोचिए कि नकारात्मक शब्द ही हमें किसी दायरे में समेट देते हैं। बल्कि जिन्हें लोग सकारात्मक समझते हैं, जैसे 'बहिर्मुखी' 'स्मार्ट' 'ईमानदार' 'ब्रिलियन्ट' आदि का टैग भी उतना ही ख़तरनाक है। जैसे 'ब्रिलियन्ट' या 'इंटेलीजेन्ट' का टैग (Tag) लगाए रखने वाले पर हमेशा यही दबाव रहता है कि उसे हमेशा बुद्धिमानी पूर्ण बातें और व्यवहार ही प्रदर्शित करना है। ये टैग उस व्यक्ति पर वैसा ही व्यवहार हमेशा प्रदर्शित करने का एक मानसिक दबाव बनाए रखते हैं। इससे भीतर की घुटन बढ़ती जाती है। ऊपरी व्यवहार दिखाने के चक्कर में वह इंसान वैसा नहीं जी पाता जैसा वह है। कई लोग ताउम्र उसी टैग के अनुरूप ज़िंदगी जीते-जीते दुनिया को अलविदा कह जाते हैं। सच में, ये बहुत ख़तरनाक बात है। अगर किसी पर 'शर्मीला' या 'दब्बू' का टैग लग गया वो ज़िंदगीभर इसी भाव के साथ जीता रहेगा। भले ही मन में कसक उठेगी, लेकिन खुलकर जीवन नहीं जी सकेगा।

एक्टिंग के माध्यम से आप इस तरह के टैग से छुटकारा पाया जा सकता है। आप उस बक्से से बाहर आ सकते हैं जिसमें आपने ख़ुद को बंद कर रखा है। और कमाल की बात यह है कि इस समूची प्रक्रिया में आपको पता भी नहीं चलेगा कि कब ये हो गया। बस हो जाएगा। फिर आप जो हैं, वो सामने आएगा। जैसे आप हैं वो पता चलेगा। आपको भी और दूसरों को भी। एक्टिंग में सबसे पहली जरूरत ही यही है कि पहले हम ख़ुद को पहचाने। हम ख़ुद को नहीं जान सकेंगे तो फिर दूसरों को क्या जान पाएंगे। एक्टिंग करने के लिए दूसरों को भी जानना ज़रूरी है, वरना एक्टिंग नहीं कर पाएंगे। लेकिन ये तभी संभव होगा, जब हम पहले ख़ुद को जानेंगे-समझेंगे। यही पता चलता है एक्टिंग सीखते-सीखते। जैसे पानी में से सारा कचरा निकल गया और पारदर्शी निर्मल पानी हो जाए। एक्टर को ऐसा ही होना पड़ता है। कोई रंग नहीं। जिस रंग में मिला दो वैसा हो जाए। आपके टैग ख़त्म कर देती है एक्टिंग

ट्रेनिंग। फिर भले ही आप एक्टिंग करें या न करें, आपकी ज़िंदगी पहले से ज़्यादा आसान और सहज हो जाती है। एक इंसान के रूप में आप पहले से कई गुना अधिक हो जाते हैं। तब आप जब जैसा होना चाहें, आसानी से हो सकते हैं। उतनी ही आसानी से उससे अलग भी हो सकते हैं। यही सिखाती है एक्टिंग। वही 'जिन खोजा, तिन पाईयाँ...' वाली बात है। आइए...ख़ुद को टैग-मुक्त करें। एक इंसान के तौर पर भी। धन्यवाद।

नरेश पाँचाल, एक्टिंग कोच,
लोखंडवाला, अंधेरी वेस्ट, मुम्बई।

37.

ज़िंदगी प्यार का गीत है, जिसे हर दिल को गाना पड़ेगा...

गायन (Singing) को आप एक्टिंग से अलग रखकर नहीं देख सकते। गाना गाने से न केवल आपकी आवाज़ में मिठास पैदा होता है, बल्कि आवाज़ की रेंज भी बढ़ती है। इससे डायलॉग डिलीवरी में ऊँचे या नीचे पिच में डायलॉग बोलना आसान हो जाता है। लोग इसे Voice Modulation के रूप में समझते हैं। (हालाँकि Voice Modulation सिर्फ़ आवाज़ का उतार-चढ़ाव भर नहीं है।)

गाना गाने से आपको फ़िल्मी गानों पर होंठ हिलाने (Lip Sync) में भी मदद मिलती है। क्योंकि सिंगर ने जिस तरह से गाना गाया है, वैसे ही आपको अपने होंठ हिलाने हैं और वो भी पूरे एक्सप्रेशन के साथ। ये देखने और समझने में भले ही आसान लगे, लेकिन करने में बहुत मुश्किल होता है। लेकिन जिन्हें अच्छा गाना आता है, या जिन्हें संगीत की समझ है, वो एक्टर इसे आसानी से कर पाते हैं। अधिकतर गाने रोमांटिक होते हैं, इसलिए इन्हें गाने से रोमांस की फ़ीलिंग को पकड़ने में भी मदद मिलती है। आपके एक्सप्रेशन बेहतर हो जाते हैं। आजकल तो सीरियल्स और अवार्ड फ़ंक्शन्स में भी एक्टर्स को रिकॉर्डेड सॉंग्स पर डांस करना पड़ता है, जिसमें एक्सप्रेशन और Lip sync बहुत महत्वपूर्ण होता है। सिंगिंग से ही आप इसमें सहजता हासिल कर सकते हैं।

इसलिए सिंगिंग भी एक तरह से एक्टिंग ट्रेनिंग का बहुत ही महत्वपूर्ण हिस्सा है।

आप ग़ौर करेंगे तो देखेंगे कि हर एक्टर सिंगिंग करना चाहता है। अमिताभ बच्चन तो अर्से से गाते रहे हैं। प्रियंका चोपड़ा ने एलबम ही निकाल दिया है। श्रुति हसन, आलिया भट्ट, श्रद्धा कपूर, परिणीती चोपड़ा, सोनाक्षी सिन्हा समेत कई एक्टर्स ने फ़िल्मों के लिए गाया है। आमिर ख़ान, सलमान ख़ान, शाहरुख़ खान, संजय दत्त आदि भी गा चुके हैं। श्रीदेवी ने भी एक गाना गाया था। सलमा आग़ा ने भी कई अच्छे गाने इंडस्ट्री को दिए हैं। कपिल शर्मा के एक शो में रेखा ने तो हारमोनियम बजाकर गाने सुनाए थे। किशोर कुमार तो हरफ़नमौला एक्टर-सिंगर रहे हैं। आयुष्मान ख़ुराना ने भी अपनी फ़िल्मों के गीत ख़ुद गाए और ख़ूब प्रशंसा बटोरी। ऐसे ही और भी कई एक्टर हैं जिन्होंने एक्टिंग के साथ अपनी गायकी का भी हुनर दिखाया और लोगों का दिल जीता।

आपको जानकर आश्चर्य होगा कि सिनेमा के शुरुआती दौर में, जब बोलती फ़िल्में बनना शुरू हुई तो सिर्फ़ गायकों को ही हीरो-हीरोइन बनाया जाता था। क्योंकि प्लेबैक सिंगिंग विकसित नहीं हुई थी, इसलिए शूटिंग के दौरान ही एक्टर गाना गाते थे, जो फ़ाइनल होते थे। इस दौरान साज़िंदे कैमरे के फ़्रेम से बाहर रहकर या पेड़ की शाखाओं पर बैठकर तबला, ढोलक या अन्य साज़ बजाते थे। चलने वाले शॉट में साज़िंदे किसी ट्रॉली या ठेले पर बैठकर साज़ बजाते कैमरे के पीछे-पीछे रहते थे।

सिंगिंग के लिए ज़रूरी नहीं है कि आप प्रोफ़ेशनल सिंगर की तरह गाएं, बस म्यूज़िक की समझ होने चाहिए। इसलिए कभी-कभी क्लास में म्यूज़िक के सेशन भी रखे जाते हैं। स्टूडेन्ट्स सीखने के साथ, सिंगिंग का ख़ूब लुत्फ़ उठाते हैं। अच्छे हिन्दी फ़िल्मी गीत या ग़ज़लें गाने से डिक्शन भी सुधरता है।

तो आप समझ सकते हैं कि एक्टर्स के लिए सिंगिंग का जुड़ाव कितना पुराना है। आपको भी अपनी आवाज़ को अच्छा बनाना है और रेंज बढ़ानी है तो सिंगिंग ज़रूर करें।

नरेश पाँचाल, एक्टिंग कोच,
लोखंडवाला, अंधेरी वेस्ट, मुम्बई,
मोबाइल नम्बर 9820865844

38.

एक्टर बनना है?...जो ज़्यादा ज़रूरी है वो पहले सीखिए

मेरी एक्टिंग क्लासेज़ आने वाले कई लोग पूछते हैं कि क्या कोर्स में डांस भी शामिल है? कुछेक फाइटिंग (एक्शन) क्लास के बारे में भी पूछते हैं। दरअसल एक्टर को सब-कुछ आना चाहिए। डांस भी, फ़ाइटिंग भी, माइम भी, स्वीमिंग भी, हॉर्स राइडिंग भी, ड्राइविंग भी...क्योंकि एक्टर को कब किसकी ज़रूरत पड़ जाए, कुछ कह नहीं सकते। एक्टर जितनी चीज़ें करना सीख ले, उतना ही कम है। सब कहीं न कहीं काम आ ही जाता है।

लेकिन जो चीज़ उसे सेट पर सबसे ज़्यादा करनी पड़ती है वो है स्क्रिप्ट पर काम यानी कैमरे के सामने एक्टिंग, डायलॉग डिलीवरी...संवाद अदायगी...। यानी विचारों और भावनाओं का आदान प्रदान जिसे हम कम्युनिकेशन (communication) भी कहते हैं। ये कम्युनिकेशन ही एक्टिंग है। ये समझ लीजिए कि आपको अगर कोई काम मिलता है तो 80 से 85 प्रतिशत काम तो स्क्रिप्ट से ही जुड़ा होगा यानी डायलॉग डिलीवरी।

बाक़ी 15 या 20 प्रतिशत में डांस या फ़ाइटिंग शामिल हो सकती है। तो मेरा जो ज़ोर है वो उस 85 प्रतिशत पर ही काम करने का रहता है। इसीलिए मेरे कोर्स में डांस, फ़ाइटिंग, योगा, माइम आदि शामिल नहीं हैं। क्योंकि ये सब चीज़े तो स्ट्रूडेन्ट्स अपनी सुविधानुसार कहीं भी सीख सकते हैं। अगर मैं इन्हें भी

शामिल करता हूँ तो क्लास-टाइम तो बढ़ेगा, लेकिन कोर्स की फ़ीस भी बढ़ जाएगी। फिर यही कोर्स 2 से 3 लाख तक का हो जाएगा।

जबकि मेरे कोर्स की फ़ीस 2 महीने की मात्र 40 हज़ार रुपए (7 जुलाई 2017 तक) है। इसमें जो बेहद ज़रूरी चीज़ें हैं वो आप सीखेंगे। प्रेक्टिकली। कर-कर के। साथ ही जो भी वीडियोज़ शूट होंगे क्लास में वो भी आपको मिलते रहेंगे। इनमें मोनोलोग्स, सीन, ऑडिशन लिंक शामिल हैं। तो मेरी क्लासेज़ में जो चीज़ें आप सीखेंगे-डिक्शन यानी शब्दों का सटीक व सही उच्चारण। आवाज़ को प्रभावी और सक्षम बनाना। बॉडी लैंग्विज्। इम्प्रवाइज़ेशन, इमैजिनेशन और ऑब्ज़र्वेशन पर आधारित कई एक्सरसाइज़ेज़।

कैमरे के सामने एक्टिंग करना, इसके लिए विभिन्न प्रकार के स्क्रिप्ट्स पर काम करना और भरपूर तैयारी के बाद उन्हें शूट करना। (इसमें कई प्रभावशाली मोनोलॉग्स और सीन शामिल हैं, जो विभिन्न इमोशन्स पर आधारित हैं।) विभिन्न प्रकार के ऑडिशन की प्रेक्टिस और उनके वीडियो तैयार करना। (क्योंकि आजकल कास्टिंग वाले ऑडिशन वीडियो मांगते हैं। इसे कई लोग ऑडिशन लिंक भी कहते हैं।)

आप ये भी समझ लीजिए कि डांस और फाइटिंग तो 30-40 या इससे ज़्यादा लोगों को भी एक-साथ कराई जा सकती है। लेकिन किसी मोनोलॉग या स्क्रिप्ट को पूरी क्लास एक साथ करके नहीं दिखा सकती। यानी एक ही डायलॉग को पूरी क्लास एक साथ बोलकर तैयार नहीं कर सकती और दिखा भी नहीं सकती। उन्हें अलग-अलग ही तैयार करना पड़ेगा और अलग-अलग ही देखना भी पड़ेगा। क्योंकि सबकी पर्सनैलिटी अलग-अलग होती है। इसलिए सब पर व्यक्तिगत रूप से ध्यान देना ज़रूरी है। इसीलिए मैं एक बैच में 10 ही स्टूडेन्ट्स लेता हूँ। इससे सब पर बराबर ध्यान रहता है। तो ये थी कुछ बातें जो आमतौर पर इनक्वायरी के दौरान लोगों के ज़ेहन में रहती हैं। उम्मीद है अब आप मेरा मन्तव्य समझ गए होंगे।

सबसे पहले डिक्शन पर काम होता है। आपका उच्चारण सही और सटीक हो ये बेहद ज़रूरी है। इस पर भरपूर मेहनत होती है। साथ ही आवाज़ को बेहतर और सक्षम बनाने के लिए कई एक्सराइज़ेज़ कराई जाती है। एक्टर के लिए ज़रूरी है कि वो सबसे पहले ख़ुद को जानें। उसके भीतर जो जज़्बात दबे-छिपे हैं उन्हें भी बाहर लाना ज़रूरी है, ताकि वो अपने अहसास को शब्द देना सीखे। ख़ुद को हर हालात में कसौटी पर कसकर देखना ज़रूरी है कि वो उन हालात से कैसे निपटता है। वहीं उसकी शर्म और झिझक भी निकालना ज़रूरी है। इसके लिए बेहद प्रभावशाली इम्प्रोवाइज़ेशन (improvisation) एक्सरसाइज़ेज़ कराई जाती हैं।

नरेश पाँचाल, एक्टिंग कोच,
लोखंडवाला, अंधेरी वेस्ट, मुम्बई।

39.

ठगने के लिए सलमान ख़ान को भी नहीं बख़शा

जब मैंने एकता कपूर के फ़ेक अकाउंट से 7 लाख रूपए की ठगी वाली पोस्ट फ़ेसबुक पर डाली तो कुछ लोगों को आश्चर्य हुआ कि कोई कैसे फ़ेक अकाउंट बना सकता है। क्या एकता कपूर को पहले इसका पता नहीं चला?

दरअसल ये मामला कोई नया नहीं है। झाँसेबाज़ों ने तो सलमान ख़ान को भी नहीं बख़शा। फ़िल्मों में काम देने के नाम पर लोगों को फाँसने वाले ऐसे ठगों ने पिछले दिनों सलमान ख़ान के नाम से Facebook पर अकाउंट बनाया। लोगों ने इसे सलमान ख़ान ही समझा और रेस्पोन्स देना शुरू किया। ठगों ने भी लोगों को बताना शुरू किया कि उनकी नई फ़िल्म के लिए कास्टिंग शुरू हो रही है। एक्टर उनके मैनेजर से सम्पर्क करें। इस तरह सलमान ख़ान बनकर लोगों को बरगलाने का सिलसिला शुरू हो गया।

जब सलमान ख़ान को इस बारे में पता चला तो उन्होंने तुरंत एक्शन लिया। उन्होंने बांद्रा-कुर्ला कॉम्पलेक्स साइबर पुलिस स्टेशन में मामला दर्ज कराया। रिपोर्ट में उन्होंने बताया कि उनके नाम से किसी ने फ़ेसबुक अकाउंट खोल लिया है और लोगों को काम देने के नाम पर फ़ुसला रहा है। सलमान ख़ान ने अपने ट्विटर अकाउंट पर भी आगाह किया जिसमें उन्होंने लिखा-"A fake Facebook page claims that I am casting for a film. Beware of fakes and rumors. Neither me nor my managers are casting for any project."

यही नहीं बल्कि अमिताभ बच्चन, कंगना राणावत, यमी गौतम भी इसी तरह लोगों को आगाह कर चुके हैं कि उनके नाम से फ़र्ज़ी अकाउंट्स हैं। लोग सतर्क रहें। इनके अलावा भी ऐसे कई सेलिब्रिटी हैं, जिनके नाम से फ़र्जी अकाउंट बनते-बिगड़ते रहते हैं।

कुल मिलाकर यही कहना है कि फ़िल्मों और सीरियल में काम पाने के लिए किसी बड़े नाम के झाँसे में नहीं आएं। ठग लोग बहुत शातिर होते हैं। उनके पास कई फ़ंडे होते हैं आपको ये अहसास कराने के, कि आप अलसी सेलिब्रिटी से ही बात कर रहे हैं। चाहे कितनी भी बात कर लें, लेकिन हाँ कभी पैसे नहीं जमा कराएं। घर बैठे कोई आपको फ़िल्मों में काम ऑफ़र कर रहा है, इसमें कोई तो कैच यानी धोखा ज़रूर हो सकता है। सावधान रहें। आपका शुभाकांक्षी

नरेश पाँचाल, एक्टिंग कोच,
लोखंडवाला, अंधेरी वेस्ट, मुम्बई,
मोबाइल नम्बर 9820865844

40.

नेम, फ़ेम चाहिए! पहले गली-मोहल्ले में तो पॉपुलर बनें

जब मैं कई स्टूडेन्ट्स से पूछता हूँ कि वे एक्टर क्यों बनना चाहते हैं, तो ज़्यादातर यही कहते हैं कहते हैं कि उन्हें नेम-फ़ेम और मनी (name, Fame & money) यानी शोहरत और पैसा चाहिए। ज़ाहिर है कि एक्टर वो इसलिए नहीं बनना चाहते कि एक्टिंग में उन्हें आनन्द आता है या आत्मसंतुष्टि मिलती है।

उनकी मंशा एक्टर बनकर लोगों के दिलो-दिमाग़ पर छा जाने की रहती है। लेकिन वह कितने क़ाबिल हैं, इस बारे में सोचना भी उन्हें वक़्त बर्बाद करने जैसा लगता है। वो एक्टर इसलिए बनना चाहते हैं, क्योंकि उन्हें फ़िल्मी दुनिया की चमक-दमक (Glamour) आकर्षित करती है। उनका सपना होता है कि वो हीरो (Hero) बन जाएं और, जब कहीं जाएं या किसी मंच पर खड़े हों तो लाखों लोगों की भीड़ उमड़ पड़े, उन्हें देखने के लिए। भीड़ उनका नाम बार-बार पुकारे। उनके साथ सेल्फ़ी खिंचवाने या ऑटोग्राफ़ के लिए लोग हो पगला जाएं। ऐसा होता भी है। कई सुपरस्टार्स हैं, जिनके प्रति लोगों का यही जुनून आए दिन हमें देखने को मिलता है।

तो आपका जो भी सपना है, उसे सच में बदला जा सकता है। पूर्व राष्ट्रपति डॉ. ए.पी.जे. अब्दुल कलाम ने कहा भी है कि "सपना वो नहीं होता जो आप सोते वक़्त देखते हैं, सपना वो होता है जो आपको सोने न दे।" ज़ाहिर है कि सपने को सच करने के लिए आपको ख़ूब मेहनत करनी होगी। तभी लाखों-करोड़ों लोग आपके प्रशंसक यानी फ़ैन बनेंगे।

आप शुरुआत तो कीजिए। एक ही झटके में तो इतने फ़ैन बनाना चमत्कार से ही संभव है। आपको शुरुआत अपने बीस-पच्चीस प्रशंसकों से ही करनी होगी। मैं आपसे पूछता हूँ कि लोग आपकी मौजूदगी में अच्छा महसूस करते हैं? क्या आपके आस-पड़ोस के लोग आपके फ़ैन हैं? क्या आप अपने गली-मोहल्ले या अपनी बिल्डिंग में पॉपुलर हैं? क्या आपमें कोई ख़ूबी या गुण ऐसा है जिससे आप लोगों के आकर्षण के केन्द्र बने रहते हैं? क्या आप मृदुभाषी हैं और सहयोगपूर्ण (Helping) हैं? क्या आपके पीछे भी लोग आपकी तारीफ़ करते हैं?

ज़रा सोचिए, अगर आप अपने आस-पास के लोगों का दिल नहीं जीत पा रहे तो लाखों लोगों का कैसे जीतेंगे? बड़े पर्दे तक पहुँचने के लिए भी तो आपको कई लोगों का दिल जीतना पड़ेगा। तो दिल जीतने की कोशिश अपने गली-मोहल्ले से शुरू कर दीजिए। फिर देखिए आपके प्रशंसकों की संख्या बढ़ने लगेगी। यहाँ तक कि लोग आपकी मदद के लिए भी सामने आने लगेंगे। इसके लिए बहुत कुछ ताम-झाम करने की ज़रूरत नहीं है, बस अपना व्यवहार मीठा रखिए और लोगों के मददगार बनिए। ध्यान रखिए कि फ़िल्म इंडस्ट्री में भी अच्छे व्यवहार वाले एक्टर ही टिक पाते हैं। बुरे बर्ताव वालों को लोग न दुबारा काम देते हैं न उनका करियर आगे बढ़ पाता है। यहाँ एक्टर कितना भी अच्छा हो, लेकिन व्यवहार अच्छा नहीं है तो उसे कोई पसंद नहीं करता। वहीं अगर कोई एक्टिंग में कमतर है, लेकिन व्यवहार में अच्छा है तो उसे काम मिल जाता है। आपको भी अपना सपना सच करने के लिए कई लोगों की मदद लेनी ही पड़ेगी। अगर आपका व्यवहार ही अच्छा नहीं है तो कोई क्यों मदद करेगा। तो आज से कुछ ऐसा कीजिए कि लोग आपको जानें, पहचानें और आपके व्यवहार के कायल बनें। हीरो जैसे दिखने से कुछ नहीं होता। वो तो भगवान ने आपको बना दिया। लेकिन भगवान ने कुछ बातें आप पर छोड़ दी है। आप ही चुन सकते हैं कि आपको अपने व्यवहार से हीरो बनना है या ज़ीरो!

नरेश पाँचाल, एक्टिंग कोच,
लोखंडवाला, अंधेरी वेस्ट, मुम्बई।

41.

एक्टर है बनना?...पोर्टफ़ोलियो से मत डरना (Part-II)

पिछली पोस्ट में मैंने एक्टर्स को बताया था कि पोर्टफ़ोलियो क्या है। फिर से याद दिला दूं कि एक्टर्स के लिए पोर्टफ़ोलियो अब लगभग गुज़रे ज़माने की बात हो गई है। एक ज़माना था जब एक्टर लोग झोले में कुछ दर्जन फ़ोटो का एलबम (जिसे पोर्टफ़ोलियो कहा जाता था) लेकर काम के लिए यहाँ-वहाँ भटकते रहते थे।

तब पोर्टफ़ोलियो का बहुत बोलबाला था। उस समय एक्सपर्ट फ़ोटोग्राफर ही पोर्टफ़ोलियो बनाया करते थे। क्योंकि रील वाले कैमरे हुआ करते थे। कैमरे से इनडोर-आउटडोर लगभग ढाई सौ-तीन सौ फ़ोटो खींचना, फिर अंधेरी सी लैब में लाल बल्व की रौशनी में रील धोना, डवलप करना, सबसे अच्छे बीस-पच्चीस फ़ोटो चुनना, फिर उन्हें बनाना बहुत श्रमसाध्य काम था।

फोटोग्राफ़र को बहुत मेहनत करनी पड़ती थी। इसीलिए पोर्टफ़ोलियो बनाने के लिए मोटी रकम देनी ही पड़ती थी, क्योंकि और कोई चारा नहीं था। अब रील वाले कैमरे बंद हो गए। डिजीटल कैमरों ने फ़ोटोग्राफ़ी बहुत आसान कर दी है। अच्छे फ़ोटो का चयन भी आसान हुआ है। इसीलिए आज कई फ़ोटोग्राफ़र पाँच हज़ार से लेकर दस हज़ार रुपए के बीच भी पोर्टफ़ोलियो बना देते हैं। मेरा आपसे यही कहना है कि अगर आप एक्टर हैं तो आपको बहुत महंगा पोर्टफ़ोलियो बनाने की ज़रूरत नहीं है।

आप इसी रेंज में से क़ीमत चुन सकते हैं, क्योंकि कास्टिंग वालों को आपके नैचुरल फ़ोटो ही चाहिए। कुछ फ़ोटोग्राफ़र अपने स्टूडियो में डेढ़ सौ से दो सौ रुपए में एक फ़ोटो के हिसाब से भी फ़ोटो खींचते हैं। आप इस तरह के दो-चार फ़ोटो करा सकते हैं। उनको बता दीजिए कि आपको ऑडिशन के लिए चाहिए, तो वो उसी तरह आपके फ़ोटो निकाल देंगे। इन्हें आपके पेन-ड्राइव में या ईमेल से भी आपको दे देंगे, ताकि आप कहीं भेज सको। आपके तीन-चार फ़ोटो 600 से 800 रुपए में ही खिंच जाएंगे। अगर आपके पास ज़्यादा पैसे नहीं हैं तो भी चिंता न करें।

आपका पोर्टफ़ोलियो आपके हाथ में ही है...आपका मोबाइल। इससे आप नित नई पिक्स खींच सकते हैं। लेकिन सेल्फ़ी से बचें, किसी से खिचवा लें। ये भी जान लें, कि आपके द्वारा खींचे फ़ोटो किस तरह के हों। इन तीन फ़ोटो में से एक में आपका पूरा चेहरा (Head Shot) या Close up होना चाहिए। पासपोर्ट साइज़ फ़ोटो की तरह। इसमें आपका चेहरा साफ़ दिख रहा हो और आँखों के रंग की डिटेल आदि पूरी बारीकी से दिखनी चाहिए।

इसी आधार पर कास्टिंग वाले पता करते हैं कि आपका चेहरा या look किस कैरेक्टर पर फ़िट बैठ रहा है। दूसरा फ़ोटो कमर से ऊपर का (Mid Shot) और तीसरा फ़ोटो सिर से पैर तक होना चाहिए, ताकि आपके शारीरिक गठन (shape) का पता चल सके कि आप मोटे, पतले, दुबले कैसे हैं। लेकिन ध्यान दीजिए।

आड़ा-टेढ़ा चेहरा करके, तेज़ धूप या छाया वाले, या जिनमें आपका चेहरा साफ़ नहीं दिख रहा हो, इस तरह के फ़ोटो कभी न भेजें। बाइक पर बैठ के, कार पे टिक के, पेड़ से लटक के, झाड़ी में अटक के, पानी में आधा लेट के, हैट लगा के, गॉगल्स पहन के, रेत में लोट-पोट हो के आप फोटो तो खिंचवा सकते हैं (अपनी ख़ुशी के लिए), लेकिन कृपया...कृपया इन्हें ऑडिशन के लिए कभी न भेजें। इन्हें कोई नहीं स्वीकार करता, उल्टे मज़ाक बनाता है।

(इस तरह के फ़ोटो मॉडल्स पर बहुत अच्छे लगते हैं और उनकी ज़रूरत भी है)। एक्टर्स को इस तरह के फ़ोटो नहीं चाहिए मेरा एक आइडिया ये है। अगर आपने 40-50 हज़ार का बजट बना रखा है, पोर्टफ़ोलियो के लिए।

तो इससे आप एक अच्छा सा कैमरा ले आइए। सच कह रहा हूँ, आपकी बहुत बड़ी ज़रूरत पूरी हो जाएगी। फिर दोस्तों के साथ आपस में मिलकर एक दूसरे के फ़ोटो खींच सकते हैं। मोबाइल से फ़ोटो खींच रहे हैं तो बचे हुए पैसे से आप अच्छी-अच्छी ड्रेसेज़,

शूज आदि ख़रीद सकते हैं। फ़ोटो खींचने का सबसे अच्छा वक़्त होता है सूर्योदय (Sunrise) का। इस दौरान अगर कोई अनाड़ी भी ढाई-तीन सौ क्लिक मार दे तो बीस-पच्चीस फ़ोटो कमाल के निकल ही सकते हैं। किसी फ़ोटो शॉप वाले को मामूली रकम देकर आप इन फ़ोटो को ज़रा सा टच-अप करा लेंगे तो फ़ोटो निखर जाएंगे। ये फोटो आपको ऑडिशन तक पहुँचा देंगे। याद रखिए... आपको काम फ़ोटो से नहीं मिलता। आपकी एक्टिंग से ही आपको काम मिलेगा। इसलिए, कई एक्टर जो लाखों रुपए पोर्टफ़ोलियो पर लगा देते हैं, उन्हें भी क़ाबिलियत नहीं होने से काम नहीं मिल पाता। आप पूछ लीजिए, पुराने एक्टर्स से। उन्होंने भी शायद एक ही बार पोर्टफ़ोलियो बनाया होगा, लेकिन क्या वो उन फ़ोटो को भेजते हैं?

क्या वे हर साल पोर्टफ़ोलियो बनाते हैं...नहीं। क्योंकि उन्हें पता चल जाता है कि महंगे पोर्टफ़ोलियो से नहीं, काम तो एक्टिंग से ही मिलता है। पुराने एक्टर ख़ुद अपने पोर्टफ़ोलियो के फ़ोटो भेजने से इसलिए भी कतराते हैं, क्योंकि पिछले एक-दो सालों में उनकी शक्ल काफ़ी हद तक बदल चुकी होती है।

सबके पोर्टफ़ोलियो किसी शादी की एलबम की तरह बक्से में कहीं दबे-दुबके हुए मिलेंगे आपको। एक सलाह और। जब आप पॉपुलर एक्टर बन जाएं, तब ज़रूर किसी अच्छे फोटोग्राफर से फ़ोटो सेशन करा लें, क्योंकि तब आपकी ये तस्वीरें मैगज़ीन्स, न्यूज़पेपर,

फ़ेसबुक आदि जगहों पर काम आएंगी। मुझे लगता है पोर्टफ़ोलियो की ये हक़ीक़त जानकर आपको काफ़ी राहत मिली होगी। टेंशन ख़त्म हो गई होगी। अब......स्माइल प्लीज़...

नरेश पाँचाल, एक्टिंग कोच,
लोखंडवाला, अंधेरी वेस्ट, मुम्बई।

42.

एक्टर बनना है?...दिखोगे तो बिकोगे

एक पुराना स्टूडेन्ट मिला। करीब दो साल बाद। मैंने पूछा-कैसा चल रहा है?

बोला-काम नहीं मिल रहा। ऑडिशन तो टाइम पास होते हैं। किसी सिफ़ारिश के जुगाड़ में हूँ। जान-पहचान से ही काम मिल पाएगा। वही कोशिश कर रहा हूँ। मैंने वैसे ही पूछ लिया। प्रोडक्शन हाउसेज़ में जाते हो? महेश भट्ट के यहाँ गए थे? यशराज फ़िल्म्स के भी ऑडिशन चल रहे हैं...जुहू वाले ऑफ़िस में। वहाँ गए थे?

वो बोला-हाँ...महेश भट्ट के यहाँ भी गया था...पिछले साल। यशराज के यहाँ भी एक बार हो आया। उस समय ऑडिशन ही नहीं चल रहा था। मैंने कहा रश्मि शर्मा प्रोडक्शन हाउस चले जाओ...वहाँ आने वाले सीरियल के ऑडिशन चल रहे हैं आजकल। वो बोला-ये कहाँ पर है?

यही हालत कई एक्टर्स की है, जो मुम्बई में हैं और काम तलाश रहे हैं। उनको लगता है कि वे एक बार किसी प्रोडक्शन हाउस में हो आए तो उनकी औपचारिकता (Formality) पूरी हो गई। अब जैसे ये उस प्रोडक्शन हाउस की ज़िम्मेदारी है कि उनकी शक्ल-सूरत याद रखे और उन्हें बुलाए। सच कहूँ। मैंने उसे उसी समय उसे लताड़ सी पिला दी। उससे कहा कि "क्या प्रोडक्शन हाउस कोई तीर्थस्थान हैं कि एक बार हो आए और धन्य हो गए। वहाँ जो लोग काम करते हैं, क्या वो सीसीटीवी कैमरे की तरह आपकी शक्ल-सूरत याद रखेंगे और आपको घर बैठे बुलावा भेजेंगे?

जब तक बार-बार जाकर अपनी सूरत नहीं दिखाओगे, आपको काम नहीं मिलने वाला। यहाँ कोई आपको याद नहीं रखने बैठा। दिखोगे तो बिकोगे!."

अमूमन हर प्रोडक्शन हाउस में ऐसे सैकड़ों लोग रोज़ाना आते हैं, फिर दुबारा उनकी शक्लें भी देखने को नहीं मिलती। जब तक आप स्थापित एक्टर हैं, आपको इसी तरह घूमना पड़ेगा। शक्ल दिखानी पड़ेगी। जब आपका कुछ नाम हो जाएगा तब शायद आपको घर बैठे बुलावा आ जाए। लेकिन तब भी घर बैठे इंतज़ार करना भारी पड़ जाता है। कई लोग कोर्डिनेटर या किसी कास्टिंग डायरेक्टर से एक-दो बार मिलते हैं और फिर निश्चिंत हो जाते हैं। ये सोचकर बैठे रहते हैं कि कोर्डिनेटर का बुलावा आ जाएगा। जबकि वह कोर्डिनेटर भी उन्हें भूल चुका होता है। जो लोग लगातार सबसे मिलते-जुलते रहते हैं, बेवजह भी प्रोडक्शन हाउसेज़ के चक्कर लगाते रहते हैं, उन्हें जल्दी ही काम भी मिल जाता है। क्योंकि जो रास्ते पर चलता है, उसे आगे से आगे रास्ता भी मिलता चला जाता है। रास्ते में मिलने वाले दूसरे लोग बता देते हैं।

काम ढूंढने को लेकर सबसे जो बड़ी ग़लतफ़हमी लोगों के मन में होती है, वो ये है कि जिस दिन उन्हें प्रोडक्शन हाउस जाने का टाइम मिला, उसी दिन वहाँ ऑडिशन भी चल रहा होगा। ऐसा नहीं होता। प्रोडक्शन हाउस में सालभर चौबीसों घंटे ऑडिशन नहीं चलता है। सीरियल्स के लिए ज़रूर नई एन्ट्री करने वाले कैरेक्टर्स के ऑडिशन चलते रहते हैं, लेकिन फ़िल्मों के लिए कोई भी प्रोडक्शन हाउस सालभर ऑडिशन नहीं लेता। अमूमन साल में एक बार ऑडिशन होता है। फ़िल्मों के ऑडिशन के लिए ज़्यादा वक़्त तक इंतज़ार करना पड़ सकता है। याद रखिए, ऑडिशन लेने वालों का भी ऑफ़िस टाइम होता है। उन्हें भी शाम को घर जाना होता है। अगर किसी कमर्शियल विज्ञापन के लिए ऑडिशन हो रहा है तो वहाँ देर शाम तक चल सकता है। क्योंकि विज्ञापन वाले बहुत कम समय में ही ऑडिशन ले लेकर शूटिंग का काम निपटा लेते

हैं। लेकिन आम तौर पर 10 बजे से शाम 6 बजे तक ही ऑडिशन होते हैं।

कोई भी प्रोडक्शन हाउस नहीं चाहता कि उनके यहाँ ऑडिशन के लिए भीड़ उमड़ पड़े और हालात बिगड़ जाएं। इसलिए लगभग गुपचुप तरीक़े से भी ऐसे ऑडिशन चलते हैं। आप वहाँ जाएंगे तभी वहाँ के ऑडिशन का पता चल सकेगा, अन्यथा नहीं। ओपन ऑडिशन बहुत कम होते हैं और उनमें भीड़ भी ज़्यादा होती है। कई प्रोडक्शन हाउस ऐसे भी हैं जो अपने मुख्य ऑफ़िस में ऑडिशन नहीं रखते। इसके लिए कहीं दूसरी जगह तय करके वहाँ ऑडिशन रखे जाते हैं। लेकिन अगर आप मुख्य ऑफ़िस भी चले जाते हैं तो वहाँ से ये जानकारी आपको मिल जाएगी कि ऑडिशन कहाँ हो रहा है या कब होगा। शर्त यही है कि आप जाएं।

ये मत सोचिए कि ऑडिशन बेकार होते हैं या फ़र्ज़ी (Fake) होते हैं। मुम्बई में किसी अच्छे प्रोडक्शन के पास इतना वक़्त या पैसा नहीं कि बेवजह ऑडिशन ले। लेकिन हाँ, बड़ी संख्या में फ़ेक ऑडिशन भी होते हैं।

लेकिन इतना याद रखिए कि दिखते रहिए। दिखने वाली चीज़ ही बिकती है। शो-रूम में भी आपने देखा होगा। हम वहाँ शोकेस में सजाकर रखी हुई चीज़ देखकर ही उसे लेने का मन बन जाता है। अब आप अपने आपको तो किसी शो-रूम में सजाकर नहीं रख सकते, इसलिए आपको ही चलकर जाना होगा। चेहरा दिखाना होगा। अपनी ख़ूबियाँ भी ख़ुद ही बतानी होगी। जितना बेहतर दिखोगे, उतने ज़्यादा बिकोगे।

नरेश पाँचाल, एक्टिंग कोच,
लोखंडवाला, अंधेरी वेस्ट, मुम्बई।

43.

एक्टर बनना है?...क्या बोलते ही खुलती है आपकी पोल!

मुम्बई में एक से बढ़ के एक बेहतरीन जिम हैं। उनमें आप जाकर देख लीजिए। हर जिम में सुंदर, हैंडसम, सुडौल और आकर्षक युवाओं की भरमार दिखेगी। सुगठित शरीर। तराशे हुए बदन। लेकिन इनमें से ज़्यादातर युवा तब तक ही आपको आकर्षित करेंगे, जब तक आप उनको सिर्फ़ देख रहे हैं। जैसे ही उनसे बातचीत शुरू होती है, ज़्यादातर की आवाज़, भाषा और उच्चारण सुनकर झटका सा लगता है। किसी की आवाज़ में उनकी क्षेत्रीय भाषा जैसे पंजाबी, हरियाणवी, बिहारी, गुजराती आदि की गहरी छाप या लहजा है। बदन जितना आकर्षक है, भाषा और आवाज़ उतनी ही अनाकर्षक। कई बार तो बोले जा रहे शब्द भी उतने ही हलके और छिछले, यानी भाषा में कोई वज़न नहीं। किसी का उच्चारण साफ़ नहीं। किसी की आवाज़ पतली सी है तो किसी की कर्कश। किसी की आवाज़ में ही रस नहीं है। किसी की आवाज़ में मधुरता नहीं है।

यहाँ ये बात स्पष्ट कर लें कि एक्टर के लिए उसका शरीर ही इंस्ट्रूमेन्ट है। शरीर के माध्यम से ही वो अपने आप को दिखावटी रूप में अभिव्यक्त (Express) सकता है। लेकिन आवाज़ भी उतनी ही महत्वपूर्ण है, क्योंकि अब मूक फ़िल्में (Silent Movies) नहीं बनती। आपको डायलॉग तो बोलने ही पड़ेंगे और वो भी साफ़-सुथरी व असरदार ज़बान में। वैसे भी रोज़मर्रा की ज़िंदगी में शब्दों के माध्यम से ही आप अपने इमोशन्स बयाँ कर सकते हैं।

इसीलिए भाषा और आवाज़ महत्वपूर्ण है। अगर डायलॉग डिलीवरी में ख़ामियाँ हैं, यानी उच्चारण ग़लत है, स्पष्ट नहीं है और क्षेत्रीय भाषा का असर दिख रहा है, तो ऑडिशन में ही रिजेक्ट कर दिया जाता है। (या फिर ऐसे एक्टर बहुत ही लिमिटेड टाइप के रोल कर सकते हैं, ज़्यादा काम मिलने की संभावना नहीं है।)

आवाज़ का भी अपना एक आकर्षण होता है। एक जादू होता है जो सुनने वाले के सिर चढ़कर बोलता है। आपकी आवाज़ और भाषा ही आपका वज़न बढ़ाती है। शरीर भी आकर्षक होना चाहिए, लेकिन इसका आकर्षण क्षणिक है। सधी हुई मधुर आवाज़ और प्रभावशाली भाषा का प्रभाव ही दिलो-दिमाग़ पर जड़ें जमाता है। कई लोग एक्टर बनना चाहते हैं। लेकिन उनका सारा ध्यान सिक्स पैक्स बनाने या अच्छी बॉडी दिखाए रखने पर ही होता है। बहुत कम एक्टर ऐसे होते हैं जो अपनी आवाज़ और भाषा पर भी काम करते हैं। ऐसे समझदार एक्टर ही लम्बी रेस के घोड़े साबित होते हैं। इसीलिए एक्टर्स की आवाज़, भाषा और उच्चारण पर बहुत ज़ोर दिया जाता है। क्योंकि बेहतरीन संवाद अदायगी वाले एक्टर्स को हमेशा तवज्जोह मिलती रही है। इसीलिए मैं भी अपनी क्लासेज़ में अच्छी सधी हुई आवाज़ बनाने और अच्छी भाषा पर हमेशा ज़ोर देता रहा हूँ। इसके लिए एक्टर्स को ख़ूब मेहनत भी कराई जाती है। कई तरह की एक्सरसाइज़ेज कराई जाती हैं। ताकि जैसे ही वे मुँह खोलें, लोगों को उसकी बात सुनना अच्छा लगे।

सिनेमा की शुरूआत में मूक फ़िल्में (Silent Movies) बना करती थीं। लेकिन जब से सिनेमा को आवाज़ मिली, संवाद अदायगी का महत्व बहुत बढ़ गया। ऐसे कई कलाकार जो मूक फ़िल्मों में ज़बरदस्त एक्टिंग किया करते थे, बाद में नहीं चल पाए। वे ही लोग चल सके जो बोल सकते थे। या उस समय जो अच्छा गा सकते थे, उन्हें ही फ़िल्में मिलने लगीं। आज भी वही दौर चल रहा है। हिन्दी सिनेमा में ऐसे अनेक एक्टर हैं जिनकी आवाज़ ने उनकी एक ख़ास जगह लोगों के ज़ेहन में बनाई है। इसीलिए अपनी एक्टिंग का लोहा मनवाने वाले एक्टर्स को आप गिन लीजिए, उन

सबकी भाषा, आवाज़ और संवाद अदायगी में आपको एक ख़ास आकर्षण महसूस होगा। इन एक्टर्स ने अपनी भाषा को हमेशा तराशे हुए रखा। कभी कभार जब फ़िल्म का कैरेक्टर किसी क्षेत्र विशेष का होता है तब ये ही एक्टर आसानी से भाषा को उसके अनुरूप ढाल भी पाते हैं। वहां भाषा शुद्ध होना ज़रूरी नहीं होता। लेकिन अच्छे एक्टर्स की यही पहचान है कि वो उस अशुद्ध भाषा को भी आसानी से अपना लेते हैं, जो कैरेक्टर की ज़रूरत है।

हिन्दी ऐसी भाषा है जिसने उर्दू, अरबी, अंग्रेज़ी समेत कई भाषाओं और बोलियों के शब्दों को बड़े लाड-प्यार से अपना लिया है। इसीलिए इन शब्दों का उच्चारण सीखे बग़ैर उन्हें बोलना एक तरह से भाषा के साथ अन्याय है। जो लोग भाषा के अच्छे जानकार हैं, जब किसी से अशुद्ध उच्चारण सुनते हैं तो ऐसा लगता है मानों दिल पर पत्थर पड़ रहे हों। इसलिए ऐसी अशुद्ध भाषा और नॉन स्टैण्डर्ड आवाज़ वाले एक्टर्स को ऑडिशन में नकार दिया जाता है।

इसकी वजह ये है कि आजकल अमूमन शूट के दौरान सिंक रिकॉर्डिंग होती है। यानी जो सेट पर शूट होता है, वही फ़ाइनल होता है। इसके लिए अच्छी गुणवत्ता वाले सैंसिटिव माइक लगाकर एक्टर्स की आवाज़ रिकॉर्ड कर ली जाती है और वही फ़ाइनल होती है। डबिंग की ज़रूरत नहीं पड़ती। इसीलिए सभी प्रोडक्शन हाउस ऐसे एक्टर्स ही लेना चाहते हैं जिनकी आवाज़ और भाषा दमदार हो। जो शुद्ध उच्चारण कर सकें। क्योंकि सेट पर कोई भी आपको भाषा सिखाने नहीं बैठेगा। न ही आपको वहाँ पर आवाज़ को प्रभावी बनाने की एक्सरसाइज़ेज कराई जाएंगी। अगर आप प्रोफ़ेशनल एक्टर हैं तो यह सब फिर आपकी ज़िम्मेदारी है।

इसीलिए कई ऐसे लोग, जो अच्छे दिखते हैं, अच्छी एक्टिंग भी कर लेते हैं, लेकिन सिर्फ़ भाषा और आवाज़ की वजह से बरसों तक मात खाते रहते हैं। अफ़सोस ये भी है कि उन्हें कोई बताने वाला भी नहीं होता कि भाई थोड़ा अपना डिक्शन सुधार लो और आवाज़ को प्रभावी बना लो।

उन्हें समझ में ही नहीं आता कि उनकी एक्टिंग में आख़िर क्या बुराई है। बस उनका ध्यान सिर्फ़ ख़ुद को ऊपरी तौर पर ही आकर्षक बनाए रखने पर लगा रहता है। अंदरूनी तौर पर आवाज़ और भाषा पर काम करने का उन्हें ख़याल ही नहीं आता। जबकि ये ही चीज़ें अच्छे एक्टर की पहचान है। शरीर तो बूढ़ा हो जाता है। चेहरे का शेप भी उम्र के साथ बदलता रहता है। लेकिन सिर्फ़ अच्छी भाषा और उच्चारण ही है जो ताउम्र आपको बेहतर बनाए रखता है। अच्छी आवाज़, अच्छा उच्चारण और भाषा आपकी बहुत बड़ी पूँजी है। अगर इस मामले में आप तंग हैं तो कृपया इस पूँजी को इकट्ठा कीजिए। अख़बार पढ़िए। ग़ज़ल और पुराने गीत सुनिए। अपना शब्द भंडार बढ़ाइए। साथ ही अपना ज्ञान भी बढ़ाइए। ताकि आप दिन-प्रतिदिन की ख़बरों से अवगत रहें और कभी किसी बात पर अटक न जाएं। अगर एक्टर बनना है तो ये बात आज से समझ लीजिए कि बिना अच्छी आवाज़ और अच्छी भाषा के आपका गुज़ारा नहीं होने वाला।

नरेश पाँचाल, एक्टिंग कोच,
लोखंडवाला, अंधेरी वेस्ट, मुम्बई।

44.

आप अमीर होकर भी ख़ुद को ग़रीब तो नहीं समझते?

घटना मुम्बई की है। यहाँ कल्याण में रहने वाले एक भिखारी के घर में (12 जनवरी 2016 को) आग लग गई। आग से उसके लाखों रुपए (जी हाँ, भिखारी के घर में लाखों रुपए) जलकर ख़ाक हो गए, जो उसने बोरियों में भरकर रखे थे। ये भी कहा जा रहा है कि आग लगने पर वहाँ इकट्ठा हुए लोग भी लाखों रुपए लूट ले गए। करीब तीन बोरी नोट जलकर भस्म हुए हैं। यही उसकी जमा पूँजी थी।

आपको ये समाचार जानकर आश्चर्य भी हुआ होगा और अफ़सोस भी। शायद भिखारी की मूर्खता पर हँस भी रहे होंगे कि इतना ख़ज़ाना उसके पास होते हुए भी वो भिखारी बन कर ही जीता रहा। लेकिन अगर मैं ये कहूँ कि ऐसी ही स्थिति हमारे आसपास रह रहे कई लोगों की भी है तो आपको अजीब लगेगा। लेकिन सच है। लोगों के भीतर प्रतिभा का ख़ज़ाना भरा पड़ा होता है, टैलेन्ट की कमी नहीं है, लेकिन फिर भी वे भिखारी की तरह ही लाचार बनकर जीते रहते हैं।

आपके पास जो शक्तियाँ हैं, आपका जो हुनर है, आपकी जो कला है वही आपका ख़ज़ाना है। ये छिपाने की नहीं, दिखाने की चीज़ है। अगर वक्त पर इस टैलेन्ट का उपयोग नहीं किया तो फिर पछताने के सिवा कुछ हाथ नहीं लगेगा। जिस तरह भिखारी लाखों की जमा पूँजी के बाद भी भिखारी ही बना रहा, वैसी ही हालत हो जाती है। इसलिए वक्त रहते अपने टैलेन्ट को सामने लाने के मौक़े

तलाशिए। बेझिझक, बेख़ौफ़ अपनी कला दिखाइए। इसी से आपकी सफलता का मार्ग प्रशस्त होगा। ये टैलेन्ट ही तो आपका ख़ज़ाना है। करोड़पति होते हुए भी कहीं आप ख़ुद को कंगाल मानकर तो नहीं बैठे?

नरेश पाँचाल, एक्टिंग कोच,
लोखंडवाला, अंधेरी वेस्ट, मुम्बई।

45.

मुझे अंग्रेज़ी नहीं आती...क्या मैं एक्टर बन सकता हूँ?

कई लोग यही सोचकर ख़ुद को हीन मानते रहते हैं कि उन्हें अंग्रेज़ी (English) भाषा बोलना नहीं आता। उन्हें लगता है कि अगर एक्टर बनना है तो अंग्रेज़ी आना ज़रूरी है। मुझे भी कई लोग मैसेज करके पूछते हैं कि उन्हें अंग्रेज़ी बोलना नहीं आता...

क्या वे एक्टर बन सकते हैं?

ये डर इसलिए भी होता है क्योंकि वे हिन्दी माध्यम के स्कूल में पढ़े हैं। उनकी मातृभाषा कोई और रही है। अंग्रेज़ी से उनका नाता दूर-दूर तक नहीं रहा। या फिर जो कम पढ़े लिखें हैं, वे भी सोचते हैं कि बॉलीवुड में जाने के लिए अंग्रेज़ी ही मुख्य भाषा है।

मेरा उन सभी से यही कहना है कि आप ये डर अपने दिमाग़ से निकाल दीजिए, कि अंग्रेज़ी के बिना वे एक्टर नहीं बन सकते। क्या आप जानते हैं कि हिन्दी सिनेमा के कई जाने-मानें एक्टर्स अंग्रेज़ी नहीं बोल पाते। या फिर टूटी-फूटी अंग्रेज़ी बोल पाते हैं। हालाँकि कुछ एक्टर्स ने नाम कमा लेने के बाद कुछ-कुछ अंग्रेज़ी बोलना सीखा। यानी अंग्रेज़ी नहीं आने पर भी वो ख़ूब अच्छे एक्टर हैं और उनके फ़ैन को भी वो वैसे ही अच्छे लगते हैं, जैसे हैं।

सबसे बड़ा नाम तो सुपर स्टार रजनीकांत का ही है। वो टूटी-फूटी सी इंगलिश बोल पाते हैं। लेकिन फिर भी करोड़ों लोगों के दिल पर राज़ करते हैं। अपने 'देसी ब्वाय' खिलाड़ी अक्षय कुमार

को ही लीजिए। वे खुलकर कहते हैं कि-"मैं एक देसी ब्वाय हूँ...मैं जैसा भी हूँ, मुझे गर्व है। आख़िरकार हम हिन्दी फ़िल्मों के स्टार्स हैं। हमारी रोज़ी-रोटी बॉलीवुड से ही चलती है। अंग्रेज़ी में बात करना मुझे असहज (uncomfortable) लगता है। स्क्रीन पर मैं जो डायलॉग बोलता हूँ, वे सब हिन्दी में ही होते हैं और मेरे फ़ैन उन्हें पसंद करते हैं...फिर मैं वह भाषा क्यों बोलूँ जिसमें मैं सहज नहीं हूँ।" अब अक्षय कुमार की ये बातें सुनकर तो आपको कुछ राहत मिली ही होगी।

धर्मेन्द्र भी अंग्रेज़ी नहीं बोल पाते। क्या वे एक्टर नहीं हैं?

गोविन्दा भी धाराप्रवाह अंग्रेज़ी नहीं बोल पाते। लेकिन उनके दीवानों की कमी नहीं। यहाँ तक कि कंगना राणावत जब नई-नई आई थी, तब लोग उनकी अंग्रेज़ी भाषा का मज़ाक तक बनाते थे। लेकिन उनकी एक्टिंग की ख़ूब तारीफ़ होती थी। बाद में कंगना ने धीरे-धीरे अंग्रेज़ी एक हद तक बेहतर कर ली। राखी सावंत और नम्रता शिरोडकर को भी अंग्रेज़ी बोलना नहीं आता था, ऐसे और भी कई एक्टर हैं, जिन्हें अंग्रेज़ी नहीं आती, लेकिन वे अच्छी एक्टिंग करते हैं।

(वहीं ऐसे भी कई लोग हैं जिन्हें बहुत अच्छी अंग्रेज़ी बोलना आता है, लेकिन वो एक्टर ही नहीं हैं...या अच्छे एक्टर नहीं हैं। विदेशों से आने वाले कई एक्टर बहुत अच्छी अंग्रेज़ी बोलना जानते हैं, लेकिन हिन्दी फ़िल्मों में इसलिए नहीं चल पाते, क्योंकि उन्हें हिन्दी नहीं आती।)

यहाँ ये भी बात समझ लीजिए कि एक्टर के तौर पर आप जितनी भाषाएँ बोलना सीखेंगे, उतने ही अवसर आपके लिए बढ़ते जाएंगे। इसलिए आप जितनी भाषाएँ सीख सकते हैं, सीखते रहिए। जहाँ तक बात है इंगलिश नहीं आने की तो, अंग्रेज़ी सिखाने वाले भी कई इंस्टीट्यूट हैं, आप चाहें तो वहाँ क्लासेज़ लेकर काम चलाऊ अंग्रेज़ी तो सीख ही सकते हैं। सीखने का रास्ता तो हमेशा खुला रखिए। हालाँकि नहीं सीखेंगे तो भी बिना अंग्रेज़ी के काम चल जाएगा, अगर आप हिन्दी जानते हैं और अच्छे एक्टर हैं।

हाँ...अगर आपको इंगलिश भाषा की फ़िल्में करना है या इंगलिश थिएटर करना है तो अंग्रेज़ी भाषा पर अधिकार होना बहुत ज़रूरी है। यह बात भी गाँठ बांधकर रख लीजिए कि जिस भी भाषा में आपको काम करना है, उस भाषा पर आपका पूर्ण अधिकार होना चाहिए। तभी आप अच्छे एक्टर बन सकते हैं। फिर भले ही आप हिन्दी फ़िल्में करें, सीरियल करें या बंगाली, गुजराती, मराठी, तमिल, पंजाबी समेत किसी भी भाषा में काम करें, सम्बंधित भाषा अवश्य आनी चाहिए। यानी आपके एक्टर बनने में अंग्रेज़ी कहीं भी रोड़ा नहीं है।

अगर आप हिन्दी फ़िल्में और हिन्दी सीरियल करना चाहते हैं तो सबसे पहले अपनी हिन्दी सुधारें। ये सबसे ज़रूरी है। हिन्दी भाषी क्षेत्र से आए कई एक्टर्स को भी ये ग़लतफ़हमी होती है कि उनकी हिन्दी अच्छी है, जबकि ये सच नहीं होता। ऐसे एक्टर्स को भी कमियाँ पता चलने पर अपनी भाषा पर बहुत काम करना पड़ता है। तब जाकर वे ठीक-ठाक तरीक़े से सही हिन्दी बोल पाते हैं। इसलिए अंग्रेज़ी का डर छोड़िए, हिन्दी में दक्षता हासिल कीजिए, अगर हिन्दी फ़िल्में करना है।

नरेश पाँचाल, एक्टिंग कोच,
लोखंडवाला, अंधेरी वेस्ट, मुम्बई,
मोबाइल नम्बर 9820865844

46.

मुझे एक्टर बनना है...काम दिला दो!

मुझे रोज़ाना ऐसे कई मैसेज़ मिलते हैं, जिनमें आमतौर पर यही लाइन होती है। कभी भी कोई कुछ करने की सोचता है, मुझे बहुत अच्छा लगता है। आख़िर उसने कुछ करने का सोचा। मुझे फ़िल्म "3 इडियट्स" भी याद आती है। जिसका जो करने में मन लगे, उसे वही करना चाहिए। सपने देखने का अधिकार सबको है। एक गाँव का लड़का भी सोच सकता है कि उसे एक्टर बनना है, लेकिन इसके लिए जो ज़रूरी क़दम उठाने हैं, उस बारे में भी तो सोचना होगा।

दरअसल एक्टिंग को लोग बहुत हल्के में लेते हैं। जैसे अगर किसी ने डॉक्टर बनने का सोचा, तो वो उसके लिए मेडिकल प्रवेश परीक्षा की तैयारी करेगा और चयन के बाद कुछ साल डाक्टरी सीखने में लगाएगा। कोई इंजीनियर, चार्टर्ड अकाउंटेंट, सिनेमेटोग्राफ़र, फ़ैशन डिज़ाइनर में करियर की सोचता है तो सबसे पहले यही प्लानिंग करेगा कि सीखने के लिए क्या करना है। यहाँ तक कि हुनरवाले काम जैसे कुकिंग, कटिंग, बढ़ईगिरी, टेलरिंग, मैकेनिक, खेती-किसानी, दुकानदारी आदी के लिए भी सीखने पर सबको ज़ोर देना ही पड़ेगा।

लेकिन अफ़सोस यही है कि एक्टर बनने का "सोचते ही" सब एक्टर बन जाते हैं।......जी सिर्फ़ "सोचते ही"......क्योंकि उन्होंने "एक्टर बनने का सोच लिया है" इसीलिए वो एक्टर हैं और उन्हें सीधा किसी फ़िल्म या सीरियल में काम चाहिए। ये जन्मज़ात एक्टर पैदा होने वाली सोच है। लेकिन सच कहूँ, ऐसे ही लोग

सबसे ज़्यादा लुटते हैं, क्योंकि वे ख़ुद को जन्मज़ात एक्टर समझते हैं और बस यही गुमान रखते हैं कि किसी डायरेक्टर की उन पर नज़र पड़ेगी और उन्हें हीरो बना देगा। ये सीधा-सीधा "मुंगेरी लाल का हसीन सपना" है। ज़रा सोचिए...आपके पास जन्मज़ात पैर हैं और दौड़ना आपकी जन्मजात क्षमता है...फिर क्यों आप दौड़ने में मेडल नहीं जीतते? आपको नदी-तालाब में तैरना आता है...फिर क्यों आपने ओलम्पिक में जाने का नहीं सोचा? आपके पास दो-दो हाथ जन्म से हैं...फिर क्यों आप मुक्केबाज़ नहीं बने? आपको भगवान ने जन्म से गला दिया है...फिर क्यों आप गायक नहीं बने? दरअसल कुछ भी बनने के लिए आपको उस पेशे या कला में काम आने वाली बारीकियाँ और तकनीक सीखनी ही होगी, तब जाकर आप संवर पाएंगे और काम करने लायक हो पाएंगे। जैसे गला जन्मज़ात होने से ही कोई गायक नहीं बन जाता। किशोर कुमार, सोनू निगम या श्रेया घोषाल के गाने सुन-सुन कर ज़रूर गा सकता है, लेकिन अगर उसे गायक ही बनना है, फ़िल्मों में गाना है तो संगीत सीखना ही होगा। वरना म्यूज़िक डायरेक्टर कहेगा कि "यहाँ कोमल रिषभ लगाओ...आपका शुद्ध लग रहा है।" या "आप यहाँ तीव्र मध्यम लगाइए...कोमल निषाद लग रहा है, शुद्ध लगाओ..." अनाड़ी इस बात को नहीं समझ पाएगा। बगलें झाँकेगा। संगीत नहीं सीखेगा तो अच्छा फ़िल्मी गायक नहीं बन सकता। लोकगीत भले ही गाता रहे। स्टूडियो में गाना भी सीखना पड़ता है। यूँ तो गाने को तो आजकल सलमान ख़ान, परिणीती चोपड़ा भी गा रहे हैं। लेकिन उन्हें गायक नहीं कहा जा सकता। इसी तरह डायरेक्टर कई बार अनाड़ी लोगों से भी एक्टिंग का काम करा लेते हैं। लेकिन इसका मतलब नहीं कि वे लोग एक्टर बन गए। आजकल शूटिंग का ख़र्च बहुत बढ़ गया है। आपका एक भी रीटेक फ़िल्म की लागत बढ़ा देता है। इसलिए शूटिंग के दौरान कोई भी आपको ग़लती कर-कर के सीखने का मौक़ा नहीं दे सकता। वहाँ प्रोफ़ेशनल एक्टर चाहिए, जो डायरेक्टर की मर्ज़ी के मुताबिक तुरंत काम कर दें।

इसीलिए अब एक्टर नहीं, बल्कि प्रोफ़ेशनल एक्टर्स की ज़रूरत है। इसके लिए आपको अपनी भाषा और अपनी आवाज़ पर काम

करना होगा। अपने शरीर को चुस्त-फुर्त और लचीला (Flexible) बनाने पर काम करना होगा। कैरेक्टर की आवश्यकता के अनुरूप भावनाओं (Emotions) को सच्चाई से पेश करना सीखना होगा। कैमरे के लिए एक्टिंग कैसे की जाती है, ये सीखना होगा। किस तरह हर इमोशन को आसानी से पेश किया जा सके, किस तरह उस कैरेक्टर में उतरकर उसके साथ एकाकार हुआ जा सके, किस तरह लम्बे-चौड़े स्क्रिप्ट को याद किया जाएं, किस तरह शूटिंग के दौरान ब्लॉकिंग और साथी कलाकारों का ध्यान रखना है...आदि बातें सीधे सेट पर अब कोई नहीं सिखाएगा। डायरेक्टर सिर्फ़ डायरेक्टर होते हैं, वे ट्रेनर नहीं होते। वे अपना काम अनाड़ी से भी निकलवा सकते हैं, लेकिन वे आपको सेट पर ट्रेनिंग नहीं देने बैठेंगे। इसके लिए आपको पहले से ही तैयारी करनी होगी। आजकल जबकि सेट भी नहीं होते, सब-कुछ क्रोमा के सामने होता है, ऐसे में जन्मज़ात एक्टर कैसे इस नई तकनीक के साथ तालमेल बैठा सकता है। उसे सीखना हो पड़ेगा ही, भले ही कहीं से भी सीखे। सोचिए...सोचिए।

नरेश पाँचाल, एक्टिंग कोच,
लोखंडवाला, अंधेरी वेस्ट, मुम्बई।

47.

मुझे एक्टर बनना है...लेकिन मैं ग़रीब हूँ!!!

पिछले कई दिनों से मैं इस दुविधा में रहा कि इस विषय पर बात करूँ या नहीं। लेकिन जब देखा कि कई लोग मेरी पोस्ट में और मेरे इन-बॉक्स में इस बारे में मैसेज कर रहे हैं तो रहा नहीं गया। मैसेज में लिखा होता है कि "मैं बहुत ग़रीब हूँ...मुझे एक्टर बना दीजिए।",

"मैं ग़रीब हूँ...मेरे पास मुम्बई आने और रहने के पैसे नहीं हैं"

या फिर "मुझे कहीं काम दिला दीजिए...मैं बहुत ग़रीब हूँ।"

अमूमन ऐसा ही मजमून रहता है। मेरी सहानुभूति है ऐसे सभी लोगों के साथ। यहाँ मैं सिर्फ़ एक बात कहना चाहूँगा कि सबसे पहले तो आप इस ख़याल को दिमाग़ से निकाल दें कि आप ग़रीब हैं। क्योंकि अगर आपके पास हाथ-पैर हैं तो आप कुछ भी कर सकते हैं। वरना क्या-क्या फ्री में मांगेंगे? मुम्बई में क्या किसी से कहेंगे कि वह आपको फ्री में किराए का मकान देदे? क्या फ्री में खाना मांगेंगे? क्या फ्री में ऑटो या बस में बैठेंगे? क्या फ्री में जिम ज्वाइन कर लेंगे? क्या फ्री में चाय-दूध पी लेंगे? क्या-क्या फ्री में मांगेंगे। अगर आप ग़रीब कहते हैं तो सबसे पहले तो ख़ुद की आर्थिक हालत सुधारो, घर की हालत ठीक करो। एक्टिंग करना या मुम्बई आना बाद की बात है।

दरअसल बाद यह है कि जिसके अंदर ख़ुद्दारी (self respect) है वो ख़ुद को कभी ग़रीब नहीं केहता. बल्कि मेहनत मज़दूरी करके

कुछ न कुछ कमाई कर ही लेता है। हो सकता है आपके कमाई के संसाधन बहुत कम हों। या आपके माता-पिता आपकी आर्थिक मदद करने की स्थिति में न हों। लेकिन इसके लिए उन्हें कोसिये मत। बल्कि उनकी संतान होने के नाते उनका संबल बनिए। आप अगर 18 साल से बड़े हैं और पढ़ाई-लिखाई ज़्यादा नहीं कर पाए हैं तो पहले अपने पैरों पर खड़े होने का रास्ता तलाश कीजिए।

कुछ काम शुरू कीजिए या किसी अच्छी जगह पर काम कीजिए जहाँ आगे कुछ सीखने का मौक़ा मिले। एक्टर बनना है, ऐसा सपना देखना ठीक है, लेकिन हड़बड़ी कभी मत करना। क्योंकि एक्टिंग का काम सच में बहुत रिस्क वाला है। कोई निश्चितता (Surety) नहीं है। हर क़दम पर एक जंग सी है। इसलिए पहले ख़ुद को आर्थिक रूप से सक्षम बनाइए। आपने एक्टर बनने का ठान ही लिया है तो फिर इसके लिए पहले पर्याप्त पैसा इक्ट्ठा कीजिए।

यहाँ 'पर्याप्त पैसा' आपकी जीवन-शैली (Life style) पर निर्भर करता है। फिर भी आप अधिकतम ख़र्चे का अनुमान लगाकर योजना बनाइए। मुझे पता नहीं है कि आप किस शहर में रहते हैं। लेकिन जहाँ भी रहते हों, पहले वहाँ किसी ड्रामा ग्रुप से जुड़ जाइए। कोई अनुभवी ट्रेनर यदि एक्टिंग सिखाता हो, तो पहले वहाँ एक्टिंग की आधारभूत बातें समझ लीजिए। क्योंकि भले ही आप जन्मज़ात एक्टर हों, लेकिन उसको निखारने के लिए कहीं पर एक्टिंग सीखना ज़रूरी है।

वहाँ सीनियर एक्टर्स की संगत में आपको और भी कई बातें सीखने-समझने को मिलेंगी। इस दौरान अपनी कमाई और बचत करते रहिये। क्योंकि मुम्बई देश का सबसे महंगा शहर है। यहाँ रहने, खाने से लेकर आने-जाने समेत कई ख़र्चे बहुत ज़्यादा हैं। इसलिए अगर आपकी आर्थिक स्थिति कमज़ोर है तो उसे मज़बूत करके ही अगला क़दम उठाइए। फिर भी कभी ख़ुद को ग़रीब मत कहिए।

क्योंकि आपका अवचेतन मन (sub-conscious mind) उसे पकड़ लेता है। और फिर आप ज़िंदगीभर वैसे ही बने रहते हैं।

क्योंकि कई विद्वान यही कहते हैं कि जैसा आप सोचते हैं, वैसा ही आप बनते हैं। आप जो भी हैं वो आप अपने विचारों की वजह से हैं। (You are just a thought). इसलिए हमेशा के लिए ख़ुद को ग़रीब कहना छोड़ दीजिए। इसके बजाय आप कहिए कि "मेरे प्रयत्न सफल हो रहे हैं

और मेरी आर्थिक स्थिति वक़्त के साथ अच्छी होती जा रही है।" जैसे भी आपके हालात हैं, वो तो हैं हीं। लेकिन आप आज से आप कभी ख़ुद को ग़रीब मत कहिए। आप आज से ये कहना शुरू कर दीजिए कि "मेरे प्रयत्न सफल हो रहे हैं और मेरी आर्थिक स्थिति वक़्त के साथ अच्छी होती जा रही है।" बस...इतना ही करना है आपको।

इसे सच मानना है। आज की तिथि याद रखिए। इसे घर में कहीं लिख दीजिए। जब भी मौक़ा मिले, छह महीनों तक इसी वाक्य को लगातार कहते रहिए। ठीक छह महीने बाद आप देखिएगा, आपकी आर्थिक स्थिति आज से कई गुना ज़्यादा बेहतर होगी। मुझे आपके मैसेज का फिर से इंतज़ार रहेगा।

मैं पूरे विश्वास से कह सकता हूँ कि आप मुझे ख़ुशख़बरी सुनाएँगे। यहाँ एक शब्द पर ग़ौर कीजिए...'प्रयत्न।' आपको कर्म यानी 'प्रयत्न' तो करना ही है। हाथ पर हाथ धरे रखकर बैठे रहना और फिर ख़ुद को ग़रीब कहना आपके 'भयंकर आलसी' होने के गुण को प्रदर्शित करता है। तब तो आप ख़ुद ही ख़ुद पर अत्याचार कर रहे हैं और दूसरों की सहानुभूति अर्जित करने के लिए

ख़ुद पर ग़रीब होने का टैग लगा रहे हैं। सच कहूँ, ऐसे लोगों की कोई मदद नहीं करता। लोग उन पर तरस ज़रूर खाएंगे, लेकिन उनके हाल पर ही छोड़ देंगे। जिनमें कुछ करने का जोश है, वो ग़रीब होकर भी अपनी मेहनत के दम पर सब-कुछ हासिल कर लेते हैं। ऐसे कई उदाहरणों से इतिहास भरा पड़ा है। 'निरमा' वाशिंग पाउडर के निर्माता करसन भाई किसान परिवार से हैं। कहीं काम करते थे तो छोटी सी ग़लती पर उन्हें मालिक ने निकाल दिया।

मजबूरी में उन्होंने ख़ुद ही वाशिंग पाउडर बनाया और साइकिल पर घर-घर जाकर बेचा। सोचिए, कितनी मेहनत की होगी उन्होंने बेनाम पाउडर बेचने से लेकर उसे एक नामी ब्रेंड बनाने में। धीरूभाई अंबानी तो 16 साल की उम्र में ही पकौड़े बेचने लगे थे। बाद में वे यमन चले गए। वहाँ वे रिफ़ाइरी मज़दूर भर थे। लेकिन उनके मन में था कि उन्हें भी एक दिन बड़ा आदमी बनना है।

बाद में भारत लौटकर धीरे-धीरे उन्होंने अपना व्यवसाय शुरू किया और धाक जमा दी। ऐसे अनेक उदाहरण हैं। आप भी ख़ुद्दार बनें। पैसा भी एक ऊर्जा है। ख़ुद को गरीब कहने के बजाय पहले आर्थिक रूप से सक्षम बनने के बारे में सोचिए। एक-दो साल अगर मुम्बई नहीं आएंगे तो कोई फ़र्क नहीं पड़ने वाला। इंसान बूढ़ा होने तक भी एक्टिंग कर सकता है। कभी ख़ुद को लाचार, निरीह, कमज़ोर, बेचारा, ग़रीब न समझें। भगवान ने आपको बनाया है। भरोसा रखिए...भगवान कोई चीज़ फ़ालतू नहीं बनाते। आपमें कुछ बात है...उसका पता कीजिए।

अपने स्वामी ख़ुद बनिए और जो भी आप करना चाहते हैं, उसे पाने का प्रयत्न शुरू कीजिए। भाग्य पर भरोसा करते हैं तो समझ लीजिए कि आपके भाग्य में भी यही लिखा है कि "आप प्रयत्न करेंगे तभी सफल होंगे।"

नरेश पाँचाल, एक्टिंग कोच,
लोखंडवाला, अंधेरी वेस्ट, मुम्बई।

48.

एक्टर बनना है?......'रिस्क' उठाने को तैयार रहिए!

ये बिल्कुल सच है कि एक्टिंग को करियर चुनना सचमुच बहुत Risky है...जोख़िमभरा है। यहाँ पग-पग पर चुनौतियाँ हैं। रास्ते हैं नहीं। ख़ुद पगडंडी बनानी पड़ती है। सफल होने का कोई एक सूत्र या फ़ार्मूला नहीं है। बीच-बीच में कलेजे को सहमा देने वाले तूफ़ान हैं। झंझावात हैं। ज़्यादातर लोग भाग छूटते हैं। लेकिन जिनके इरादे अटल हैं। जिनमें जुनून है। जिनको लगन लग गई है। जो हर तरह के जोख़िम से छाती ठोक कर निपटने का जज़्बा लेकर आते हैं, वो ही...और सिर्फ़ वो ही सफल होते हैं। मंज़िलें पाते हैं। अपने झंडे गाड़ते हैं। ज़ाहिर है, ऐसे लोग गिने-चुने या बिरले ही होते हैं। इसीलिए कहने को सब जन्मज़ात एक्टर हैं, लेकिन पर्दे तक पहुँचते बहुत कम हैं। बहुत कम ही ख़ुद को साबित कर पाते हैं।

जिनमें रिस्क उठाने का न जोश होता है, न दमख़म, वो लोग सिर्फ़ दूसरों की नुक्ताचीनी में वक़्त गुज़ारते हैं। यही कह-कहकर दिल को बहलाते हैं कि यहाँ सिर्फ़ एक्टर्स के बेटे-बेटियों को ही काम मिलता है। उनको नहीं मिलते तो अंगूर खट्टे हो जाते हैं। ये सच है कि स्टार्स के बेटे-बेटियों को काम मिलता है। लेकिन उन्हें भी ख़ुद को साबित करने के लिए बहुत मेहनत करनी होती है। उन्हें भी अपने आप को क़ाबिल बनाना होता है। तब जाकर काम करने लायक हो पाते हैं। फिर भी सफल होंगे कोई गारंटी नहीं है। जो फ़िल्म इंडस्ट्री है, उसमें अगर आप ऐसे चांदी के चम्मच लेकर

पैदा हुए एक्टर्स को गिनने लगेंगे तो अंगुलियों पर गिन सकते हैं। उनमें कितने अच्छे एक्टर कहलाने लायक हैं, ये भी आप टिप्स पर गिन सकते हैं। इनमें ऐसे यादगार एक्टर बहुत कम हैं।

बहुत बड़ी तादाद ऐसे एक्टर्स की है जो किसी के भरोसे यहाँ नहीं आए। यहाँ अच्छे, सच्चे और ईमानदार एक्टर हमेशा आगे बढ़े हैं। वो अपनी एक्टिंग के दमख़म से नाम कमाते हैं। विपरीत हालात को चीरते हुए इस मकाम तक आए हैं। उनका कोई ख़ानदान नहीं रहा, लेकिन उन्होंने जगह बनाई। बड़ा तबका तो ऐसे ही एक्टर्स का है। इन्हीं एक्टर्स को आप दिल से सलाम भी करते हैं और इज़्ज़त भी बख़शते हैं। क्यों? क्योंकि उन्होंने साबित किया है कि जहाँ चाह, वहाँ राह। वे गुदड़ी के लाल हैं। इंडस्ट्री ऐसे ही जुनूनी लोगों की वजह से चल रही है, वरना तो इसका कोई धणी-धोरी नहीं है। (कई डायरेक्टर्स और प्रोड्यूसर्स भी हुए हैं जिन्होंने रिस्क लिया और महान फ़िल्में जैसे 'मुग़ले-आज़म।' दादा साहेब फ़ालके ने तो सबकुछ दांव पर लगा दिया था अपना फ़िल्म बनाने के लिए।) यहाँ रिस्क लेने वाले सफल हुए हैं। दो-दो नावों पर सवारी करने की सोचने वाले कहीं के नहीं रहते।

जैसे, कई लोग मुझसे पूछते हैं कि मैं जॉब भी नहीं छोड़ना चाहता, और एक्टर भी बनना चाहता हूँ। ये मुश्किल है। आपको एक चीज़ को ही चुनना होगा। हाँ, आप एक समयबद्ध रिस्क उठा सकते हैं। जिसकी चर्चा मैंने पहले भी की थी-Calculated Risk. पूरी तैयारी के साथ उठाया गया रिस्क। ये समझदारी भरा क़दम है। लेकिन आपको रिस्क तो उठाना ही होगा। वरना आप एक्टर बनने के बारे में मत सोचिए। रिस्क की बात इसलिए कर रहा हूँ, क्योंकि ये पूरा रास्ता ही अनिश्चित है। यहाँ रिस्क ही रिस्क है। जिसे रिस्क उठाने से डर नहीं लगता, ऐसे ही दिलेर रास्ते बना सकते हैं। जैसे जब मूसलाधार बरसात होती है तो सारे पक्षी पेड़ों की शरण में भागते हैं, जबकि बाज़ (Eagle) बादलों के ही ऊपर चला जाता है और मुक्त गगन में उड़ने का आनन्द लेता है। ये है रिस्क। इसका मज़ा अलग है। चांद पर भी वे लोग गए, जिन्होंने

रिस्क उठाने का सोचा। एवरेस्ट पर भी वे चढ़े। समंदर में भी ऐसे ही लोग मोती चुन लाते हैं। रिस्क उठाने का जज़्बा नहीं है तो फिर वैसे ही जीते रहिए, जैसे आप हैं, और उन्हीं हालात में ख़ुश रहिए। फिर कोई मलाल मत रखिए। कुछ बदलना है, कुछ कर दिखाना है तो रिस्क लेना ही पड़ेगा।

कई लोग जो एक्टर बनना चाहते हैं, उनका दिमाग़ उन्हें रिस्क उठाने से रोकता है। क्योंकि स्वभावतः दिमाग़ डरपोक होता है। वो हर चीज़ को जाँच-परख लेने के बाद ही आगे बढ़ना चाहता है। जहाँ भी बदलाव की बात उठती है, दिमाग डराता है। बदलाव में डर है। एक्टर बनने के लिए कई चीज़ें बदलनी पड़ेंगी। लाइफ़ स्टाइल बदलनी पड़ेगी। रहन-सहन भी बदलना पड़ेगा। जगह भी बदलनी पड़ेगी। खान-पान भी बदलना पड़ेगा। यार-दोस्त भी बदलने पड़ेंगे। इतने सारे बदलाव? दिमाग़ हिल जाता है। दिल में डर पैदा कर देता है। जो जैसा चल रहा है, उसमें कितना आराम है, बार-बार यही याद दिलाता है। इसी वजह से लोग अपना ये सुरक्षा चक्र तोड़ नहीं पाते। क्योंकि उस दायरे में सारे आराम हैं और आप वहाँ सुरक्षित हैं। दिमाग़ को और क्या चाहिए। बदलाव डर पैदा करता है। फ़िल्म इंडस्ट्री में आना सचमुच जोख़िमभरा है। क्योंकि यहाँ कोई किसी का नहीं। सिर्फ़ टैलेन्ट का ही सिक्का चलता है और उसे चलाने के लिए भी टैलेन्ट चाहिए। क़ाबिलियत चाहिए।

मैं कई ऐसे लोगों से मिलता हूँ जिन्हें एक्टिंग के बारे में कुछ भी नहीं पता होता और न ही वो पता करने की चाहत रखते हैं। उन्हें सिर्फ़ और सिर्फ़ तुरंत कैमरे के आगे काम चाहिए। इस तरह की अज्ञानता के साथ एक्टर बनने आना रिस्क नहीं, बल्कि बेवक़ूफ़ी है। एक्टिंग के बारे में कुछ बेसिक बातें तो समझ कर आइए कम से कम। कई लोग आधे-अधूरे मन से, चांस मारने के अंदाज़ में आ जाते हैं एक्टर बनने। चार-छह-आठ महीने बाद चले भी जाते हैं। ये सिलसिला चलता रहता है। एक जानकारी के मुताबिक मुम्बई में हर रोज़ लगभग चार सौ लोग एक्टर बनने आते हैं और इतने ही रोज़ाना पलायन भी करते हैं, कुछ कड़वे-मीठे अनुभव लेकर। इसे

रिस्क नहीं कह सकते। आँधी आई और भाग लिए। टिकता वही है जो पीछे मुड़ने की सोचकर नहीं निकला। जिसने एक्टिंग को ही अपनी ज़िंदगी बना लिया। जो आरामदेह ज़िंदगी का मोह छोड़कर अपने मन का संतोष ढूँढने निकल पड़ा है। ऐसे इंसान को किसी चीज़ का मलाल नहीं रह सकता। वो एक्टिंग में अपनी ख़ुशियाँ ढूंढ लेगा। क्योंकि एक्टिंग उसका शौक़ नहीं, उसकी महबूबा है। बिना रिस्क उठाए ये सुख भला किसके नसीब में होगा।

**नरेश पाँचाल, एक्टिंग कोच,
लोखंडवाला, अंधेरी वेस्ट, मुम्बई।**

49.

एक्टर बनना है?...लोगों का भरोसा जीतें!

एक्टर बनने के कई महत्वपूर्ण फ़ैक्टर हैं। लोगों का भरोसा जीतना इन्हीं में शामिल है। फ़िल्म इंडस्ट्री भरोसे के दम पर ही चलती है। यहाँ हम सिर्फ़ एक्टिंग की बात करेंगे। अगर आप नए एक्टर हैं, तो आपको काम हासिल करने के लिए कई सम्बंधित लोगों से मिलना होगा। (जैसे कास्टिंग डायरेक्टर, प्रोड्यूसर वग़ैरह)। आमतौर पर ये सब लोग आपके लिए अनजान होते हैं। आप भी उनके लिए अनजान होते हैं।

ज़रा सोचिए...इस इंडस्ट्री में अनजान लोग ही आप पर भरोसा करेंगे, अनजान लोग ही आपको काम देंगे और ये अनजान लोग ही आपको पैसे देंगे। लेकिन इससे पहले आपको उनका विश्वास जीतना होगा कि आप क़ाबिल एक्टर हैं। आप की योग्यता पर उन्हें भरोसा होना चाहिए, क्योंकि एक्टिंग प्रोजेक्ट्स में एक भी कमज़ोर कड़ी भारी पड़ सकती है। इसलिए इन अनजान लोगों को अपना बनाने के लिए उनका भरोसा जीतना होगा। ऑडिशन के दौरान आपको थोड़े से वक़्त में अपनी क़ाबिलियत का अहसास कराना होता है।

चयनकर्ता भी काफ़ी सतर्कता से देख-परख के ही किसी भर भरोसा करते हैं। वो आपकी अभिनय क्षमता को बारीक़ी से परखते हैं, क्योंकि उन्हें अच्छे एक्टर्स (Excellent Performers) की दरकार होती है। यहीं से उनका भरोसा जीतने की शुरूआत होती है। खरे उतरने पर, वो आपको अपनी फ़िल्म या सीरियल में काम दे

देते हैं। फिर आपको शूटिंग के दौरान, सेट पर अपने व्यवहार और प्रोफ़ेशनल नज़रिए से उन्हें प्रभावित करना होगा।

आपकी समय की पाबंदी (punctuality), अनुशासन (discipline), टीम भावना (team spirit), धैर्य (patience) और सहयोगात्मक रवैया (cooperating attitude) जैसे तमाम सकारात्मक पहलू भरोसे को बढ़ाने और सम्बंधों को मज़बूत करने का काम करते हैं। जैसे-जैसे आप इंडस्ट्री के लोगों का भरोसा जीतते जाएंगे, वैसे-वैसे काम मिलना आसान होता जाएगा।

क्योंकी करोड़ों रुपए के बजट में फ़िल्में और सीरियल बनते हैं। उन्हें बनाने वाले प्रोडक्शन हाउस, उन्हें चलाने वाले चैनल, उन्हें डायरेक्ट करने वाले डायरेक्टर और अन्य सभी प्रोफ़ेशनल्स की इज़्ज़त दांव पर लगी होती है। ये उनकी साख का मामला है। अगर प्रोजक्ट नहीं चला तो पैसे डूबने का भी डर रहता है। इन सारे प्रोजेक्ट में एक्टर महत्वपूर्ण कड़ी है। इसलिए आज का दौर औसत दर्जे के एक्टर्स का नहीं है। औसत लोगों की तो भरमार है।

उन्हें चाहिए होते हैं दमदार एक्टर्स और इसीलिए हज़ारों लोगों के ऑडिशन लेकर उनकी एक्टिंग देखी-परखी जाती है। जो भी भरोसे लायक होता है, काम हासिल कर लेता है। इसीलिए यहां सिफ़ारिश भी नहीं चलती। कोई रिश्तेदार अगर प्रोडक्शन हाउस या चैनल में काम भी करता हो तो भी उसके कहने भर से आपको नहीं ले लेंगे। सिफ़ारिश के बाद भी आपको ये तो साबित करके दिखाना ही होगा कि आपमें दम है और आप पर पैसा लगाया जा सकता है।

ये भरोसा हासिल करने के लिए कड़ी मेहनत और लगन की ज़रूरत है। कोई शॉर्टकट नहीं है। पैसा देकर काम हासिल भी नहीं किया जा सकता। आपको किसी को एक पैसा कभी नहीं देना है, बल्कि भरोसा जीतने पर आपको पैसे मिलेंगे। इसके लिए अपनी एक्टिंग क्षमता को बढ़ाइए और निखारिए। अभिनय में दम पैदा कीजिए। लोगों का भरोसा जीतने निकले हैं तो सबसे पहले आप ख़ुद पर भरोसा करें।

खुद को आत्मविश्वास से भरिए और फिर अनजान लोगों का भरोसा जीतने निकल पड़िए। आए दिन नए लोगों को इसी रास्ते से काम मिल रहा है।याद रखिए...जो घोड़ा दमदार होता है, उसी पर लोग दांव लगाते हैं, लंगड़े घोड़े पर नहीं।

नरेश पाँचाल, एक्टिंग कोच,
लोखंडवाला, अंधेरी वेस्ट, मुम्बई,
मोबाइल नम्बर 9820865844

50.

एक्टर बनना है?...कहानियाँ पढ़ें!

आज की बात उन एक्टर्स के लिए जिन्होंने अपना करियर हाल ही शुरू किया है। या फिर जो एक्टिंग में छोटा-मोटा काम कर रहे हैं। ज़ाहिर है, उन्हें ख़ुद को अभी और साबित करना है, ताकि नाम हो, पहचान बने। एक्टिंग सब कर रहे हैं। लेकिन असरदार, प्रभावशाली एक्टिंग की दरकार है। कैरेक्टर को दमदार तरीक़े से जी नहीं पाते, उसकी मानसिकता और अंतरात्मा को पकड़ नहीं पाते। या कहिए कि अपने अभिनय में सहजता नहीं लाता, जब तक एक्टर अपनी फ़ीलिंग्स के साथ नहीं जुड़ता या connect नहीं होता, तब तक अभिनय में जीवंतता नहीं आती। एक्टिंग बनावटी लगती है। इस मुश्किल से उबरने का रास्ता यही है कि एक्टर उस कैरेक्टर की गहराई में उतरे, जिसका वो अभिनय कर रहा है।

अगर वो कैरेक्टर की तरह नहीं सोच पाएगा, तो उसकी तरह फ़ील भी नहीं कर पाएगा। जब कैरेक्टर की तरह फ़ील नहीं करेगा तो डायलॉग डिलीवरी भी बनावटी लगेगी। तो यहाँ ज़रूरत है कैरेक्टर की तरह सोचने की।

अब कैरेक्टर किस तरह सोचता है, ये सब उसके व्यक्तित्व के अनुरूप उसके मनोविज्ञान, सामाजिकता और अंतःप्रेरणा पर निर्भर करता है। जिस तरह के हालात का वह सामना कर रहा है, उसके अनुरूप ही उसकी सोच-प्रक्रिया होगी। कैरेक्टर किन परिस्थितियों में क्या सोच रहा है, इसको समझने के लिए सबसे आसान उपाय है कि कहानियाँ पढ़ी जाएं। लेकिन अफ़सोस के साथ कहना पड़

रहा है कि, इन नए एक्टर्स की जमात अमूमन कथा साहित्य से कोसों दूर है। कहानी (या उपन्यास) पढ़ने पर मेरा ज़ोर इसलिए है, क्योंकि कहानियों में कैरेक्टर्स के मन की बात भी लिखी होती है। कहानी का पात्र किसी घटना के बारे में क्या सोच रहा है, उसके मनो-मस्तिष्क में क्या चल रहा है, उसके क्या अंतर्द्वन्द्व हैं, यह सब लिखा होता है। जबकि जब आप फ़िल्म या सीरियल देखते हैं, उनमें कैरेक्टर्स के मन में चल रही बातें आप नहीं जा सकते। आप सिर्फ़ उनके एक्ट को देखकर अनुमान लगा सकते हैं, और वो भी अपनी सोच के अनुरूप। तो फ़िल्में या सीरियल देखने से आप कैरेक्टर का आंतरिक संवाद (inner monologue) नहीं जान सकते, लेकिन कहानियों का ये बहुत ज़रूरी हिस्सा होता है। तो आज की बात यही है कि अगर आप कैरेक्टर को अच्छे से जीना चाहते हैं तो उस कैरेक्टर की तरह मन में भी सोचना शुरू करें। मन में ख़याल किस तरह से उथल-पुथल मचाते हैं, ये महसूस करने के लिए कहानियाँ पढ़िए। इसकी शुरूआत आप मुंशी प्रेमचंद की कहानियों से कर सकते हैं। उनकी कहानियों को पढ़ने के दौरान आप अलग-अलग कैरेक्टर्स को समझना और उनके मन में झाँकना सीखेंगे। हालाँकि और भी कई प्रसिद्ध कथाकार हैं, लेकिन शुरुआत के लिए प्रेमचंद ठीक हैं। इससे भी कोई फ़र्क नहीं पड़ता कि कहानी किस भाषा में है। आप किसी भी भाषा में भी नोवेल या कहानियाँ पढ़ सकते हैं। सबमें पात्र मन में सोचते-विचारते ज़रूर मिलेंगे।

कहानियाँ पढ़ने से आपका भाषा ज्ञान भी बढ़ता है, जो एक्टिंग में बहुत मदद करता है। कहानियाँ पढ़ते रहिए, आगे बढ़ते रहिए। आपका शुभाकांक्षी।

नरेश पाँचाल, एक्टिंग कोच,
लोखंडवाला, अंधेरी वेस्ट, मुम्बई,
मोबाइल नम्बर 9820865844

एक्टिंग को निखारना है तो एक्टिंग कोर्स करें

अगर आप एक्टर बनना चाहते हैं। इसके लिए ख़ुद को निखारने, संवारने के लिए एक्टिंग कोर्स करना चाहते हैं, तो आप मेरी क्लासेज़ ज्वाइन कर सकते हैं। एक्टिंग क्लासेज़ में आपको अहसास होगा कि सिनेमा या सीरियल के लिए एक्टिंग करना बहुत ही तकनीकी काम है। कैमरा, लाइट और फ्रेम को समझना पड़ता है। इसके बाद ही आप डायरेक्टर के निर्देशानुसार अभिनय करने में सक्षम हो पाते हैं। एक्टिंग ट्रेनिंग आपकी एक्टिंग को पॉलिश करती है, चमकाती है, आपका आत्मविश्वास बढ़ाती है। साथ ही कई प्रकार के इमोशन्स को समझना और उन्हें सहजता से अदा करना सिखाती है। ट्रेनिंग से आपकी भाषा और संवाद अदायगी बेहतर बनती है। क्योंकि काम मिलने के बाद सबसे पहले आपको ख़ुद की क़ाबिलियत को साबित करना होता है। अगर शूटिंग के दौरान आपका आत्मविश्वास डोलता है तो फिर आप अभिनय नहीं कर पाएंगे। उल्टे आपकी घबराहट बढ़ती जाएगी और फिर अभिनय में वैसा रंग नहीं आ पाएगा जैसा डायरेक्टर को चाहिए। अगर आप एक्टिंग ट्रेनिंग की उपयोगिता को समझते हैं और एक्टिंग कोर्स करना चाहते हैं तो बेहिचक बात करें। आपका कोई साथी भी अगर एक्टिंग कोर्स करना चाहे तो कृपया उसे भी बताएं।

कोर्स के बारे में अधिक जानकारी फ़ेसबुक से या फिर फ़ोन से पूछ कर ली जा सकती है।

Facebook: www.facebook.com/actingcoachnareshpanchal

Website: www.mumbaiactinginstitute.com

पताः मुम्बई एक्टिंग इंस्टीट्यूट, भक्ति वेलनेस सेंटर, प्रथम तल, स्प्रींग फ़ील्ड-2 बिल्डिंग, एक्सिस बैंक एटीएम के पीछे, महाराणा प्रताप रोड, सेलीब्रेशन क्लब के पास, लोखंडवाला, अंधेरी वेस्ट मुम्बई, महाराष्ट्र। पिन कोडः 400053

संपर्क नम्बर हैः 9820865844, 9082386275

www.ingramcontent.com/pod-product-compliance
Lightning Source LLC
Chambersburg PA
CBHW020036110726
47973CB00001B/1